暦の力で運を興(おこ)す
興運(こううん)のススメ

一般財団法人
東洋運勢学会会長
三須啓仙

人生には〝運〟も関与している

世間には、「厄年には必ず不幸に見舞われ、死にそうな酷い目に遭う」とか、「引っ越しの方位が悪くても、一日別の方位へ寄っていけば大丈夫」とか、「1955年、1月1日生れの人は未年の一白水星である」というようなデタラメ〝珍説〟が堂々とまかり通っています。

私は、その原因の多くは情報不足と情報混乱によるものだと思います。

つまり、世間一般では、運や運勢に関しては、生半可な知識は蔓延していても、正しい知識や認識に関しては、かなり重傷の〝欠乏症〟の状態なのではないかと思うのです。

一般の人たちの運勢に対する情報基盤はひどく脆弱なのです。素人や、よからぬ目的を持った輩が、まことしやかに流布する勝手な解釈のデタラメな情報を、いとも簡単に鵜呑みにして信じてしまいます。それほど人々は、運勢学について無知かつ無防備なのです。

じつはこれは、とても怖い事なのです。

人間には、精神的な苦痛に対してとても弱く、脆い部分があるものです。運や運勢に関する情報というのは、そんな人間の弱い、脆い部分に、強い浸透力と大きな影響力を持っています。だからこそ、運や運勢というものに対しての正しい認識や知識を持っていないと、とても危険なのです。知らないという事は、恐ろしい事だと思います。知識がないという事は、損なことだと思います。なぜならば、正しい知識さえあれば惑わされないで済むものが、判断の基準を持たないせいで、間違いやデタラメな情報に翻弄され、踊らされてしまう危険性を持ってしまうからです。

私は、運勢学のプロとして、皆さんに提案します。まず、〝運〟というものがどういうものかを知って欲しいと。運に対しての、過剰な評価も過少な評価も人生にとってのマイナスを生じる原因となるのです。大切なのは、〝運〟というものに対する正しい認識と適正なスタンスだと思うのです。〝運〟は、頼るものでも、縋(すが)るものでも、ましてや恐れるものでもありません。

私は、人生に運が無関係であるはずはないと思っていますが、運がすべてであるはずもないとも思っているのです。私は、『人生には運〝も〟関与している』という立場をとっていますが、この〝も〟というところがミソなのですよ！

運は、ものごとの結果が生じる過程において、追い風としてプラスに作用する場合と、逆風としてマイナスに作用をする場合とがあるのです。だから、ものごとには、運〝も〟計算に入れて対処してほしいと思うのです。

例えば、ゴルフのティーショットを想像してください。同じ飛距離を得るのに、追い風の時と逆風の時とでは必要とされるパワーに格段の差が生じるはずです。ただし、これはあくまでも、どちらの場合も正確なショットができるという仮定の上での話です。いくら追い風を受けていても、ミスショットをしたら良い結果は出せませんよね？ むしろ、逆風下のナイスショット！ のほうが、よほど良い結果が得られるでしょう。

さらに腕の良いゴルファーならば、コースレイアウトや気象条件に合わせたコース戦略を立てることも出来ます。追い風のときは高弾道で風に乗せ、逆風のときは低弾道で風の影響を減らすようなクラブ選択や、打ち方の選択による工夫も可能ですよね？ つまり、風やコースレイアウトを考慮してショットができるゴルファーは、良いスコアを出せる……というわけです。

この場面でのコースレイアウトは自分が置かれた状況、風は運、ショットを自分の行動というように置き換えて考えて見て下さい。そうすれば、自ずと〝運〟というものの性質、運に対する対処方法がわかるはずです。

ただし、ここで〝風〟に例えた〝運〟は、自分のいかなる努力によっても回避やコントロールが不可能な、〝時が生じる運〟というものに関してのことです。例えば、月の運勢の良い悪いはこれに該当するわけです。特に〝厄年回りの年〟などというのは、自分だけがドシャ降りの上に、強い逆風といった状況下でゲームを強いられているようなものと考えればよいでしょう。こういう状況下では、良い結果など望むほうが無理というもので、風邪をひかずにすめばラッキーというくらいの認識で割り切って、いかにミスをせず、無理をせず、マイナスを最小限に押さえるかを考えることが賢明な態度という訳です。

しかし、降り止まぬ雨はない。やがて必ず雨は止み、厄年が開けると、風は止まり、陽が差し、ぐしゃぐしゃだった足元も次第に乾いて追い風が吹いてきます。そうなったら、マイナスを取り戻すように精一杯頑張ればよいのですよ。

目次

第二章 運気のリズムを知れば、弱点は補える！

第三章　「暦」活用術　吉凶の流れを知る

第四章 開運ツール「運勢暦」を使いこなす

第五章 興運に導く本命星の生かし方

カバー・総扉　デザイン／石松経章（Keisyo 事務所）
本文デザイン・組版・図版／ Lush!
本文カット／羽田眞由美
編集協力／ SOSA

第一章

大逆転もまた、天地自然の理法なり

天地自然の理法に順応するものは栄える

運勢学の基本思想

「天地自然の理法に順応するものは栄え、逆らうものは滅びる」

これが運勢学の基本思想であり、不易（ふえき）の定理です。

運気を知り、運に賢く順応していきましょうというのが、運勢学の教えなのです。

したがって、私の役割は「〇〇をしなさい」という指示を与えるのではなく、「いまのあなたの（会社の）運気は、このような状態です。そして、そこから考えれば、これからこういうことが起こり得るでしょうから、AやBの対応策を考えておいたほうがいいでしょう」と示唆することになります。

もちろん、占い師といわれている人の中には、相談者の目的そのものを否定したり、「〇〇しなさい」と決めつけたりしている人もいるようですが、私の考える運勢学、運の生かし方はそうではないのです。その理由はおいおい本書で述べていきますが、ある意味、天気予報のようなものだと考えていただければいいでしょう。これから旅行や海水浴に出掛けようと考えている人の、目的の行動を咎めたり、こちらから提案するわけではありません。「雨が降りそうだから、行き先を見直したほうがいいかもしれないし、どうしてもお出掛けのときは傘をお持ちになるほうがよいでしょうね」と、その人が見落としがちの視点を運（運気）に則してお知らせするものです。

運命とは命を運ぶこと

運命とは、誕生から死の時まで「命を運ぶ」こと。そして、人生は命を運ぶ軌跡です。人生、命の運び方は決められている訳ではありません。どのようにでも描いていけるのです。そして、その人生に「運」は重要な影響をもたらすファクターです。だから、人生において運を考慮し、「良い運」と関わることは有益なことなのです。

同様に「企業」も生みだした以上はその命を生かし、守っていかねばなりません。企業は、倒産しない限りいつまでも生き続けることができます。倒産は企業の死です。企業の命脈を絶つことなく、正しく命を運び、生かしていくのは経営者の責任です。経営者が、企業の運＝「社運」に目を向けることは有益なことなのです。「生きる」ということは、すなわち「運とつきあう」ということなのですから。

☽ 自分は「運がいい」と信じるために

自らの力で成功をつかんできた方の中には、「わたしは自分の力だけで、いまの地位を築いた。運勢などという不確実なものは信じない」という方もいらっしゃるかもしれません。

でも、何かをなし遂げようとするとき、「よし、わたしは大丈夫」と自分にいい聞かせたことはありませんか？　失敗の恐怖よりも、成功の喜びを信じて立ち向かったことはありませんか？

運勢学がいつの時代でも求められるのは、その「大丈夫」という部分に通じているからです。

私が一番大切にしているのは、「自分は運がいいと信じることが大事だ」という言葉です。そしてその為にすべき事は、凶運を退け吉運を呼び込むための興運体質の強化です。

運勢学、あるいは開運学というのは、ある意味「わたしはこれをやっているから運がいいんだ」と、自分の運の良さを信じるツールだと思うのです。「よし、大丈夫」という思いの中には、「同じ条件だったら人よりわたしのほうが運もいい」という確信があるはずであり、それをロジカルに説明しようとするものが運勢学というわけです。

「自分は運がいいと信じることが大事」

この最高の言葉を、私はある医師から教わりました。友人の見舞いに行ったとき、病院で手にした乳ガンの権威・霞富士雄先生の本を読んだとき、思わずこの言葉に吸いよせられました。これは、いわば、「癌を宣告された人のとるべき態度」とでもいえる内容を示したページに記されていた言葉なのです。

例えば生死のかかる手術で「成功率が50％」と言われたとき、どう考えるか。

50％の確率で手術が上手くいかないかもしれないとは考えず、「自分は成功するほうの50％に入る」と信じられることが大事である、ということ。そう思うことでプラス思考でいられるということです。良い意味で能天気に、そしてポジティブに「自分は運がいいから大丈夫」と思う。それがストレスをなくし、「治るためなら何だってやってやろう」という気持ちをかき立ててくれるということなのだと思います。

先生の言葉・考えは、運勢学を生業にする私にとって、とても大切な示唆でした。今では金科玉条ともいえる言葉となっています。みなさんにも、「自分は運がいい」と信じてほしい。そしてその運を仕事や人生に生かしてほしい。「自分は人より運がいい」と信じられる人が、どんな条件の中でも前に進める人である……私はそう思っています。その為に運というものを知って活用して頂きたいのです。

アンチ「運勢学」の人に

私の父・三須啓仙は、東洋運勢学を学び、特に数令姓名学・印章相学に詳しい運勢学の権威です。父の「印章相学」という新しい考え方が世の中に受け入れられ、昭和30年代後半から40年代にかけての父は、まさに「行列のできる占い師」状況でした。にもかかわらず、私自身は運命の存在さえ否定する「アンチ運勢学」の珍しい女学生だったのです。

いまにして思えば、そこには偉大な父への反発もあったのでしょうし、多感な時期の娘の私から見ればただのクソオヤジだったのです。私は、いわゆる「占い全般」を含めた「運勢学」というものに耳を傾ける気持ちすら持っていませんでした。その証拠に、18歳になるまで、自分の干支を間違って覚えていたことさえ気付きもしなかったのですから……。

そんな私が、今は師匠として尊敬する父のアシスタントをしながら教えを受け、やがて父の跡継ぎとして運勢学を仕事にするようになりました。門前の小僧がスパルタ教育で経を叩き込まれたわけです。私の強みのひとつは、もしかすると「アンチ運勢学の人の気持ちがわかる」ことなのかもしれません。そして私は、様々な場所で出会い、議論を仕掛けてくるアンチ運勢学の人たちの理解や納得を得るために相当がんばってきたつもりです。

頑なに運勢学を拒絶するのはもったいないことだと思うからです。

私は、もちろん、運が全てとは思っていません。しかし、運について考えることは有益なことだとは思っています。

だから、頭から運勢学を否定されると悲しくなります。そして、運勢学の有用性をわかってもらえたら嬉しいとは思いますが、無理にわからせようとは思いません。人にはそれぞれの価値観があるのですから、いらないという人に無理に押し付けても双方共に一つのプラスもありません。しかし、運勢学の有用性を認めてくださる人を増やすための努力は惜しみません。もしかしたら、食わず嫌いという人もいるかもしれないので、こう教えて差し上げたいのです。「食べてみれば美味しいし、栄養もありますよ。でも食べすぎたり、食べ方を間違ったりすると大変。劇薬相当成分も含まれますから、お試しになるときは、用法・用例に注意して専門家の指示に従ってください……」と。

☽ 運勢学は論理的に説明できる

この仕事に就いてから、とある弁護士の友人から、こう聞かれたことがあります。

「先生の判断基準って何なの？」

ドキッとしました。すぐには答えられない自分がいたのです。彼はさらに続けます。

「僕たちが人にアドバイスしたり、良い・悪いを判断したりする際には、六法全書と判例集（ジュリスト）という拠り所がある。でも、先生の場合は何？　あなたの感覚？　あなたの価値観？」

恥ずかしながら、私はその問いに即答できず、その答えを見つけるまでに半年かかりました。半年間、落ち込んで、悩み考えて、それでも自分の拠り所がわからなくて苦しみました。

答えを得たのは突然でした。あるお客さまから、「先生は筋道を立ててきちんと説明してくれるから、わかりやすいですよね」と言われた時、私は長いトンネルから抜け出ることができたのです。

私の拠り所。それは「説明できる」というひと言につきます。人に説明するためには、明確なロジックが必要です。私は父のもとで学びながら、「説明できるロジック」＝学説という物差しを持つことができたのだとわかったのです。運勢学とは学べば身につけることが出来る学＝ロジックと、訓練を積めば上達する術＝テクニックによって出来ているのですから。

そういうわけで、先に述べた「人の理解や納得を得るためにはどうすればいいか」という私の答えも明確です。「聞く人の立場に立って、論理的にわかりやすく説明をする」これ以上でもこれ以下でもありません。「見える」でも「感じる」でもありません。

運の影響は3分の1

多くの人は、ものごとがうまくいっているときは、自分の才能と努力のたまものと思っています。しかし、いくら頑張ってもうまくいかないとき、そこに運の存在を感じるようです。

「自分は運が悪かった」のだと。

しかし、成功者の多くは「私の成功はただ運が良かっただけだ」と言い、成功のとき運の存在を認めます。

この違いはどこにあるのでしょう。

私は、成功者の多くは人事を尽くし、それでもなお自分は万全を尽くせたか、という思

素質＋行為＋運＝結果

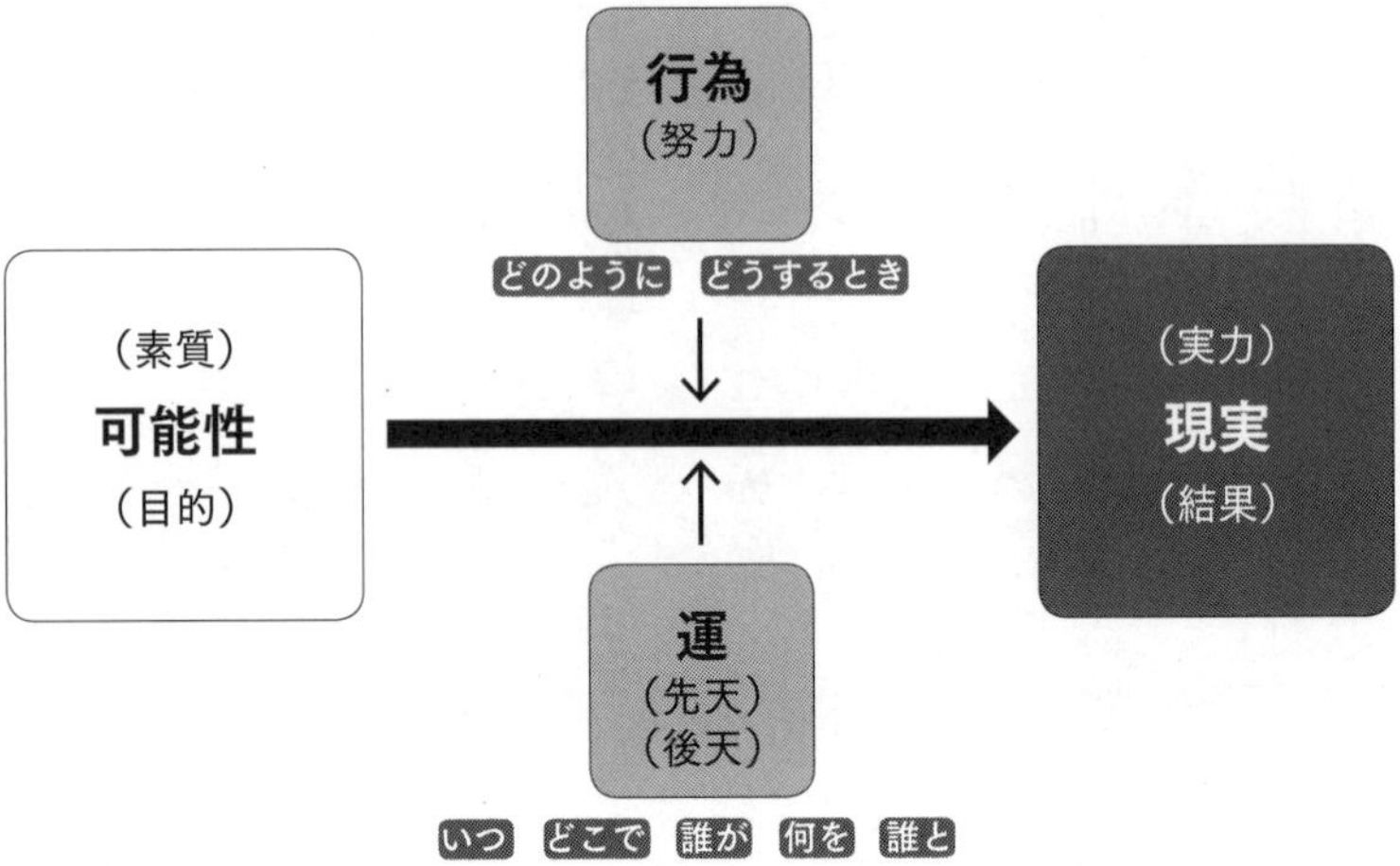

いを持っていらっしゃるのだと思います。それが運を味方につけることができた秘訣ではないかと思います。そして、失敗した人の多くは、運の良い悪い以前に、本来すべきこともせず、やり方も間違っていたのではないかと思うのです。

本当に運をとらえ、生かすには、それをとらえて生かすための場と技術が必要なのです。

私は、「結果」というものは「素質・行為・運」という3つの要素の和で成り立っていると考えています。

「素質」は才能、「行為」は努力と言い換えることもできるでしょう。ひとつの可能性があり、それを現実のものにするためには、それを成しうるだけの資質と、どのようにするかという行為だけで導き出されるのではなく、そこに運気の働きが作用していると考えるのです。

つまり、個人であれ企業であれ、ある目的を達成し結果をあげる過程では、運気が3分の1の要素を受け持っている。私はもっぱらこの「運気の部分」を見ていくわけです。

例えば、あなたの会社が「新しい支店を出して事業を拡大したい」と考えるとします。これを成功させるには、

［素質］いま事業拡大するだけの人材や資金力などのキャパシティはあるか、

［行為］誰が中心になってどのように取り組むか、

［運気］あなたの会社の運気は攻めの経営にプラスに働くか、

などの要素が関わっているのです。

ですから、すごく頑張って取り組んだのに結果が伴わなかったといっても、それがすべて「運が原因」であるという訳ではありません。そもそもの［素質］の問題だったかもしれませんし、［行為］に問題があったのかもしれません。

つまり結果を出すには「素質・行為・運」の3つのボタンを押して、3つの要素を作用させる必要があるのです。

このため私は、相談者の名前や生年月日などの基本情報だけでなく、さまざまなことをお伺いします。「タイミングは大丈夫だったの？　シチュエーションは合っていたの？

誰がやったの？　相手はどうだったの？　やり方はあっていたの？　そもそも何のためにやったの？　ホントにやるべきことだったの？」と。そしてこの質問はどんな相談の場合でも常に一定です。

これらをまとめると、次のようになります。

・誰が（主体）
・何を・何のために（目的）
・いつ（時期）
・どこで（場所）
・誰と（相手）
・どのように（手段）
・どうする（行為）

前記の答えを整理していくと、相談者自身あるいは相談者の会社の問題点が、「素質・行為・運」のどこにあるか明らかになっていきます。

それは経営コンサルタントが受け持つべき問題なのかもしれませんし、医師や税理士や弁護士が手助けすべき事柄なのかもしれません。もちろん、今、起きている問題が、運勢学に抵触していたら私たちの出番というわけです。また、何がどうなっているかわからないから、取り敢えず、私たち運勢学のコンサルタントのところへ相談に来られて、原因はどこにあるかクリアにされる方も多いのです。

「運」は、「素質」や「行為」と違って自分の能力の範囲外の要素ですから、あなたやあなたの会社を取り巻いている「環境の一部」と言い換えてもいいかもしれません。あなたの会社がなんの問題もなく素晴らしい製品を作りだしていても、環境が変わり、突然、市場がガラッと変わってしまい、あなたの会社の製品が売れなくなってしまうこともけっして珍しいことではありません。

何度も言うように、運は結果を導き出すための3分の1の要素を担っているのですから、その部分に目をつぶってしまうのは得策ではありません。

「会社存続のためなら、できることは何でもやる」

そんな考えを持っているのなら、『こういう考え方もあるかもしれない』という立場で、とりあえず仮説として受け入れてみてはいかがでしょう。より広い目をもって運の生かし方、低迷運のやりすごし方を取り入れてほしいのです。そして、どうしても肌が合わなかったら、そのときは、元通り自分の才能と努力だけで行けばよいと思うのです。

☽「験かつぎ」の効果

日本には昔から「験をかつぐ」という慣習が根づいています。

朝起きたら東の空に向かって手を合わせる、大きな契約の前には水風呂を浴びる、経営を左右するほどの大切な書類は金の箱に入れて保存するなど。その家の歴史、経験から育まれてきた験かつぎを実行している人は少なくありません。「占いなんか……」「運勢学?」と言う人でも、あまり意識せずに験かつぎをしていることもあるのではないでしょうか。

私は験をかつぐことは、とてもいいことだと思います。験をかつぐためにすることと、現実の結果との因果関係は説明できませんが、験をかつぐことは「これを成功させるために、できることはなんでもしよう」というプラス思考の表れですし、それで自信が持てるのであれば、やるにこしたことはありません。ただひとつアドバイスするとすれば、「どうせ験をかつぐなら、正統の運勢学に基づいた、効率的な験のかつぎ方をしてはいかがですか?」ということなのです。運気を把握し、運命環境の良くなる験のかつぎ方をセレクトしていったほうが、成功をつかむのによりプラスになるのは明白です。

験やジンクスは、「こうしたらこうなった」という経験の中から生まれてきたものです。その意味でいえば、運勢学は壮大な経験則です。よく「運勢学＝統計学」といわれていますが、正しくは違います。統計学は範囲や期間を定め、数学的な手法とルールに則って答えを出すものですが、運勢学は「こんな時にこんなふうにしたら、こんな結果が出た」という経験則の集大成といえるでしょう。過去を振り返って、そこで起きた出来事を反省しつつ分析し、さらに深い洞察力で原因を探ることによって、「同じような状況になったときには、こんなことが起きるかもしれない」と予測するのが運勢学の基本なのです。

そして単なる験かつぎとの大きな違いは、運勢学には2000年を越える歴史があることです。運勢学は、莫大な過去の実績に基づいて導き出した様々な法則性をもつ情報学であり、延べ何億人という人たちの経験則の固まりだといえるでしょう。長い歴史の中で時の皇帝や軍師の最終決断の場面で使われ、淘汰されることもなく現在も学問として成り立っている理論であることは事実です。

開運に興味がない人でも、「験かつぎ」ぐらいの軽い感覚で運勢学を取り入れてみたらいかがですか？　東洋運勢学の論理に基づいた効率的な験かつぎというわけです。

運勢学は予防でこそ生きる

先に「運勢学は天気予報」ということを書きましたが、それはみなさんに運勢学を「予防」として、つまり何か事を行う前に使ってほしいからです。

弁護士と医者と占い師は、何かトラブルが起きてから使うのではなく、起きる前に使うのが得策！　というのが私の考え方です。というのも、何かが起きてからでは選択肢が狭くなってしまうからです。立派な新社屋を建てた後に、「実はその方向は凶方で家相も悪く、そのうえ時期も最悪だった」とか言われても困りますよね。できれば、新社屋を建てる前に「その社屋の方位は会社が栄えていくためにプラスとなるのか」と考える視点を持っていただきたいのです。

正直な話、穴に落ちてから助けを呼ばれても、私たちが手助けできることは限られてしまいます。でも、事前に「こういう道を歩こうと思う」という相談を受けたら、「どこそこに穴があるから、落ちないようにしてください。そのためにはAとBとCということをしておけば、いいですよ」とアドバイスすることはできるわけです。

もちろん、運気の持ち分は3分の1ですから、常に運気を最優先しなければいけないとは言いません。ケガで瀕死の人がいたら、方位や運気を云々するよりも、まず「すぐに医者に行け」と言います。でも、一刻を争う状態でなく、同じレベルの医者が3軒あってどの医者を選ぶか迷うようなときは、「あなたにとって相性や方位のいい医者はここですよ」とベストの選択肢を教えてあげることができます。これが運勢学の役目なのです。

☽ 運勢の力を活かす

運勢学を使う状況には、大きく分けて以下の4つがあります。

1　物事を始める場合、「どれを選ぶか」という状況

2　物事が進んで、A・B・Cのどれにするかを決断する状況

3　「進む」べきか、「止まる」べきか、それとも「退く」べきかのどれを選択するか迷ったとき

4　予めリスクを予測して対応策を考える、つまり、リスクマネジメントが必要なとき

1の場合は、たくさんありすぎるものの中から、「良いであろう」というものを残す場合です。例えば、100個入っているみかん箱の中から、あなたができるだけ甘いみかんを取り出したいという場合。まず、100個の中から甘そうなみかんを10個専門家に選んでもらいカゴに入れてもらう。箱の中から無差別に1個を取り出すより、カゴの中から1個を選んだほうが、あなたでもおいしくて甘いみかんを選ぶ確率は高くなります。みかんの場合は農家の人や果物屋さんが専門家となりますが、人事や経営、そして自分の目的を実現させる場合などで運を生かすには、運勢学を生かせる私どもが専門家となります。要するに「雑多なものの中からふるいにかけるときに、専門家を使ってください」ということです。

そして10個のカゴの甘いみかんの中でどれを選ぶかは、自分の頭で考え判断するわけです。自分との相性、組織や会社との相性、目的などによって、選びたいものが違うからです。

そして、残り3つまで絞り込み、いずれも甲乙つけがたく悩んだときが、2の状況です。AとBとCのどれにしようか。真剣に考えてわからなかった場合は、また私たち専門家がお手伝いできます。

みかんの収穫を増やすために、畑を拡張しようか、それともこのまま現状維持でいようか、さらにはいっそ思い切って縮小・撤退を考えようか……。こんな局面が3のケース。そして、南側の土地を手に入れて拡張しようと思うが大丈夫だろうか……。こんな局面が4のケースです。これらのケースでも私たちの出番があります。

より現実的な例を挙げると、ある会社で中途社員を1人採用したい。そこで人事部長が応募者を面接し、能力や経歴に大きな差のない3人にまで絞った。しかし、最終的にどの1人を選べばいいのか悩んでいる……。こんな相談に来られるケースも少なくありません。

そんなとき私は、応募者だけでなく会社側の担当者の名前や生年月日を見たうえで、「採用する人の目的と用途は何ですか？」とお聞きします。即戦力として必要なら、「今年の運気がいいのはAさん」と伝えますし、じっくり育てて、来年以降に戦力になってほしい人なら、「3年後に運気が上昇するのはBさん」とお伝えして、参考にしていただいています。

何度も言うように、「Aさんにすべきです」という断言は決してしません。採用する側が何を優先するか、何を意志決定の拠り所にするかは、私どもがとやかくいうべき問題ではないからです。

もうひとつ、候補者の運気とは別に、その人の性格タイプや特徴、社長・会社との相性なども分析してアドバイスさせていただくこともあります。

例えば、「この人は、社長の言動に被害意識を持ちやすく、社長の言うことに反発しがちなタイプかもしれません」とか、「この人は不和トラブルの相を持っているうえ、目上に反発しやすいタイプなのでこの方との付き合い方においては『ものの言い方』と『ものを言う順番』がポイントです。そして直属の上司との相性が重要です」などです。

もちろん杞憂に終わることもあるかもしれませんが、先に述べたように、「起こるかもしれないことを最初に知っておく」というのは、何をするうえでも、大切なことだと思うのです。つまり、折り込み済みにすることで対応策を用意できるからです。

運気を味方につける法

ここにAとBという2人の経営者がいます。どちらも同じだけの能力を持ち、同じぐらい努力をしています。しかし、結果は同じではありません。同じくらい能力もあり努力もしているのに結果が違ってくる要因のひとつは、「運気」を味方にしているかどうかということがあります。「運気」を味方につけていたほうが成功の確率は間違いなく高くなります。

棋士が対局を終えたあとに「勝負は互角だったけれど、私のほうに運があった」と答えるのも、真剣勝負に勝つためには、努力して才を磨くことだけでなく、運気を自分に寄せつける大切さを知っているからだと思うのです。

もちろん、運さえあれば成功するわけではありません。しかし、同じ能力があるなら、運を味方につけたほうがいいとは思いませんか？

不祥事などで頭を下げるトップや経営者を見るたびに、「あなた、運をないがしろにしていませんか？」と思うのです。戦国武将が、大切なブレーンのひとりに占い師を置いていたのは、運気の部分に目を向けていたからにほかなりません。できる経営者というのは、運をも味方につける気持ちを持っているのです。

『小事を為すは力量、大事を為すは天運』という言葉があります。

小事とは、大事（天下を取るというような大事）ではないこと、つまり通常、普通のこと。この言葉があらわすのは、「通常、普通の領域にあることを為すのは本人の力量如何による。しかし通常を超えたことを為そうとすれば天運（の助け）も必要だ」という意味だと思います。

これは裏を返せば、力量があっても（天）運を味方につけなければ大事を為すのは難しいということですし、運があっても力量が伴わなければ結果は出せないということを示しているのだと思います。

名前で運気は読み取れる

先天運と後天運

運には、生まれたときに備わっている「先天運」と、生まれた後に出会う「後天運」とがあります。基本的に先天運は変えることができない運、後天運は変えることができる運です。

個人では生年月日が先天運、姓名の相が後天運を背負っています。

そして人生のあらゆる場面に顔を出す「誰が」「何を」「いつ」「どこで」「誰と」という要素のそれぞれが関係してきます。

同じことは、組織や会社にも言えます。

えっ？　組織や会社にも「運」があるの？　という人もいるかもしれません。会社などの良し悪しは、リーダーや経営者の手腕ではないのか？　と思う人もいるでしょう。

もちろん、リーダーの能力は大きく影響します。しかしそれ以前に、重視してほしい要素もあるのです。会社を例にとり説明しましょう。

まず会社の場合、先天運は創業者、つまりその企業を興した人の運（姓名と生年月日）と創業年月日といえるでしょう。

後天運では、会社にとり最も重要な「誰が」に相当するのが、「社名」と「社印」、そして経営者である「社長の運気（生年月日と姓名）」です。

企業の運、すなわち「社運」を見る場合、「社長」「社名」「社印」の持つ意味はとても大きいのです。この3つが社運の基礎を形成します。今後の社運の方向性を決定づけるといっても過言ではありません。

「先天運」は変えられないものですから、その対応は創業者の起業の意味を考え、創業のポリシーを守ることでしょう。「後天運」を形作る「社名」「社印」と現在、将来の「社長」については、社運を変えることもできるので、気を引き締めて真剣に考える必要があります。

失敗しない論理

私の運勢学の考え方は、「これをすれば成功する」ではなく、「これをすれば失敗しない」ということに重きを置いています。これは「予防で使ってほしい」という論理に基づいてのことです。

逆のことをいえば、「必ず失敗できる」方法ははっきりと明言できます。名を落とす、名を汚すことはとても簡単です。人の道に外れ、後ろ指を差されることをすればいいわけですから。

ただし悲しいことに、とくに会社の場合、悪意もなく、ひたすら名前（ブランド）を守ろうとして失敗してしまった例も少なくありません。頑張っているのに結果が出ないという場合には、３つの検証が必要です。１つは「才能・素質」の有無。２つ目は「行為」の是非。そして、３つ目が「運」の作用です。

「印章」の奥義

「印」の持つ意味

私の父・初代三須啓仙は印章相学の第一人者です。古くから印と運命について研究し、人と姓名と印とのリンケージ（linkage）〝つながり〟によって「印相」を考え、印の吉凶を判定し、吉相の印を撰作するための「印章相学」の学説を提唱して印相開運の考え方を世に広めた、開運吉祥印の元祖ともいえる人です。私はその後継者なので「印相運勢学」の専門家でもあります。つまり、人一倍「印」にはうるさいのです。

現代は、人生や社運を左右する重要なシーンで印鑑が使われているのにもかかわらず、印鑑の意味については無知・無神経な人が多いのが実情です。個人については言わずもがなですが、特に法人においての「署名・捺印」には、必ず大きな義務と責任がついてきます。にもかかわらず、「誰が、いつ、どこで、どんな権限で押印したのか」そのことが示す意味の重大さを自覚せずに印鑑を使っている人がどれほど多いことか。

父は「顔が人柄を表現しているように、印相は持ち主の運命を暗示し、幸・不幸と直接結びつくものだ」と説いています。それが企業においては、「社名」と「社印」ということになります。

「印相」の見方は、わかりやすくいえば家相の考え方を応用したようなものです。印面は、名前の家と考えるわけです。印を作る時にはまず社名があります。ゆえに、最初にすることは、社名の吉凶の判断です。そのうえで、その社名の持つ運を損なわない、あるいは社名に不足する運を補うような印鑑が必要だと考えます。住む人と家が切り離せないように、社名と印鑑も切っても切り離せない仲というわけです。

ただし、運気を考えた印鑑を作ろうとするからには、使い方も心得てほしいと思うのです。印鑑は正しく作り、正しく使うのが基本です。印鑑は正しく存在することも大切ですが、正しく使われなければ意味がないのです。いくら印相のいい印鑑を作っても、扱いが乱暴で欠けてしまえばその瞬間から凶相の印に変身してしまい、印相に込めた運気も逃げてしまいます。たとえ吉相の印鑑であったとしても、印の管理や使い方を誤り、でたらめな契約書に捺印してしまったら、その契約から発生する凶事から逃れる術はありません。企業の命運も尽きてしまうでしょう。

まさかそんな軽率なことはしないだろう、と思うかもしれませんが、珍しいことでもないのです。

以前、ある百貨店に、偽物の商品を売ったのではないかという疑惑が発生したことがあります。当時は、「本当に百貨店がその偽物を売ったのか、それとも単なる詐欺事件なのか」が最大の問題点でした。この場合、契約書に押された印影が偽物であることが判明しさえすれば、疑惑はすぐに晴れるはずでした。しかし、当の百貨店自体がその印鑑の真偽をすぐには判断できなかったため、なかなか疑惑を晴らすことができなかったのです。その事件が発生した当時その百貨店では、「自社のどの支店のどの部署にどんな印鑑があり、それを誰の責任で保管しているか」を把握できている人がいなかったのです。

結局、その事件は、偽物の印鑑を使って百貨店の名を騙った詐欺事件であることがわかり、その百貨店の疑惑は晴れ信用を取り戻すことができました。しかし、偽物をつくられてもそれがわからなかった、印鑑の管理の杜撰(ずさん)さが名門百貨店を危機に陥れたといっても過言ではないでしょう。

その事件を教訓にして、私は「自分の印鑑がきちんと把握できていないこと」の危険性を学びました。だから、それからの私は以前にも増して、相談者には「家のどこに、あるいは、会社のどの部署にどんな印鑑があるのか、すべて洗い出してください」とお願いします。そして印相の吉凶ももちろん大切ですが、それ以前に、現在誰がどの印を保管し、誰の権限で、どんな場面で印鑑を押しているのか、という実情を把握することの大切さを説明します。そのうえで、会社であれば「印鑑使用規定」を作ることを提案させていただいています。

印は運命を司る

印鑑にはそれが存在する意味がありますが、印影にも同様に多くの意味があります。「佐藤」という印鑑は、本来佐藤さんしか使えません。「佐藤」という印鑑が押してあるものは、すなわち佐藤さんが責任を持つという意味なのです。言い換えれば、職務における責任の重さを実感し、職責を全うしてもらうために印鑑は存在する。だからこそ印相はないがしろにはできないのです。

「会社の印鑑＝社印」には、実印とそれ以外の印があります。実印の場合、個人ではもちろん本人ですが、会社の実印を押す権限を持つのは経営者だけです。

ですから、私のところでお作りする会社の実印＝代表者印には、それがオーナー企業の場合は、原則として代表者の姓が彫り込まれています。その会社において最終的に責任を負うのは誰かを明確にするためです。それとオーナー企業の多くは、「家業そのもの」を法人化していることが多いので、企業の繁栄が家の繁栄と直結しています。だから、その会社と家の繁栄を願い、「その会社の代表者がいつまでもその家の人、つまりその『姓』の人でありますように」との願いを込めて代表者の姓を彫り込むのです。

ですから私は、経営者が（そこに彫り込んである姓以外の人に）交代した場合は、代表者印を作り替えてほしいと思っています。

個人であれ法人であれ、そこに名前（社名）を彫り込んだ段階で、印鑑は魂のある生き物になると父は考えていました。印は運命を司るもの。だからこそ、「たかがハンコ」と簡単に考えてほしくはないのです。

個人であれば、自分の人生のことですから、きちんとした印鑑を持ちたいと考える人は、大勢いらっしゃると思います。

そして、他人の生活にも深く関わる会社の経営者であれば、会社の繁栄を願うのはなおさらのこと。会社や仕事、そして社員の事を思う経営者ほど、印鑑を大切にしています。後継者や「自分の右腕になる」と信頼を寄せている人の個人の印鑑を、私のところに作りに来られる方も少なくありません。そして、印相のいい印鑑を作ったほとんどの企業が、今日も健全な経営で活動しています。

印相がいいから……という理由ももちろんありますが、そもそも印鑑に対する姿勢がそうでない会社や人とは異なっているのです。署名・捺印の意味を十分理解し、その行為がいかに大切なものであるかを認識されているところが「順調な生活」や「健全経営」の根幹になっているのだと思います。印鑑ひとつにも気を遣える人・経営者・企業ですから、他の部分についてはは何をかいわんや、でしょう。

ひとつの例をあげましょう。私のお客さまに、とあるチェーン店の社長さんがいます。彼は父の代から印相についてのアドバイスを受けており、印相の持つ意味にご自分でも深い興味を持つようになりました。そしてそれ以後は、領収書や手形に捺印されている取引相手の社印をつぶさに観察するようになったそうです。

その社長さんは、もちろん印相の善し悪しまで見分けることはできません。しかし、印鑑の押し方（例えば欠けている、かすれがある、見るからにテキトーに押してあるなど）、印鑑の扱いが悪いと思われる会社は「要チェック企業」と見做したそうです。その意識をもって取引先の企業や経営者を眺めたら、「やはり、いい加減なところはいい加減でした。どれぐらい信用できるのか、どこまで関わっていいのか、取引を判断するうえでのいい材料になりました」というのが彼の結論だそうです。

別のお客様は、自分の会社が仕事を引き受けるとき、契約書に押された相手の印があまりにひどいときには、「そんな相手が契約者で大丈夫だろうか、神聖な契約そのものがおかしくなりそうで気持ちが悪い」と仰っています。

あなたの会社の印鑑は、きちんと管理されているでしょうか。その印鑑を正しく使っているでしょうか。そしてその印は吉相でしょうか。

自分の印鑑、そして普段の事務作業など、仕事で使っている印鑑もチェックしてみましょう。せっかくの運を潰してしまう凶相の印を使っていませんか？　一度襟を正してチェックしていただきたいものです。

ひと目でわかる印相のポイント

印相は専門家でなければ吉凶の判定がつかない部分もありますが、誰にでも簡単に見分けられる指標があります。

それは、印の形と材質です。次にあげるような印はその時点で「凶相」であることが決定します。

1　印の材質が、「象牙」「柘植（黄楊）」「黒水牛」のいずれでもない印。

2　印の胴体がくびれている（俗に天丸といわれる型）印。

3　真っ直ぐに印が押せるように「ここが正面・真上です」とわかるように、印の頭や胴体に小さな突起やサグリといわれる「しるし」がついている印。

以上は、個人・法人を問わず、もれなく凶相の印です。

また、とくに経営者の方には（当家にいらっしゃるお客様にもそのような方を多く見かけます）、「大きすぎる印」を持っている方が多いようです。ご自分の実印を、お札の表側（顔のあるほう）に押してある印「総裁之印」と比べてみてください。個人の印がこれより大きい（直径15ミリ以上）場合も、もれなく凶相です。印に関しては「大きいことは良いことだ」とはいかないのです。

このように印鑑そのものの吉凶も問題ですが、世の中に最も多いのは、「欠けている印鑑を平気で使う」「内容を確かめもしないで印を押す」などの、「印相以前の問題」のような気がします。

印鑑を用いる際に、最低最悪の状況は「書類の内容をよく確かめも、理解もせずに印を押す」という行為です。これは、印鑑を所有する者・扱う者の姿勢としてあってはならないことなのです。こういうことをしていてトラブルが起きても、それは印相云々以前の問題で自業自得というしかありません。そう考えると、印鑑にある「小さな突起」は「この印鑑は目をつぶっていても押せるように作ってありますよ」という証であり、印鑑の姿としてあるまじき姿です。また、天丸形の印も「あるべき姿」から大きく外れた邪道の形です。これらにはすでに「印鑑」としての価値はなく、単なるスタンプ・文房具でしかないのです。

印面の吉凶を云々するまえに、まず、ふだん自分が印鑑にどんな扱いをしているか、チェックしてみてください。

正しい吉相の印鑑を持つことはとても重要ですが、それ以前に印の扱い方が大事なのです。印鑑の持つ意味、印鑑を押すという行為の意味を知り、「正しい人が、正しい印を、正しく使う」ことが、三位一体となった興運の秘訣なのです。

「病貧争乱・不幸の法則」幸福とは不幸でないこと

幸福の最低条件は不幸でないこと

「あなたにとって幸せの最低条件とは何だと思いますか？」

人間が幸せであるための最低条件は何だろう。私は、それをずっと考えていました。万事に理屈っぽい私は、「幸せであるための最低条件」を何とか定義づけたかったのです。

でも、考えるほどに定義づけは難しいことを悟りました。多くの人に冒頭の質問をしてみたのですが、ある人にとっては「お金があること」であり、ある人は「家族が健康であること」、ある人は「やりがいある仕事を続けること」であり、ある人は「自由であること」であり、また、ある人は「毎日、おいしいものが食べられること」であり……。要するに、100人いれば100通りの幸せの最低条件があったのです。

ある日、自分の総合口座の通帳を見ていたとき、私は突然閃きました。「幸せを黒字で印字されるプラスの残高。不幸を赤字で印字されるマイナスの残高、と考えてみたらどうだろう……」と。ご存知のように総合預金口座は、普通預金に定期預金がセットされた通帳で、たとえ普通預金残高が0でも、セットした定期預金の金額の90％までは、普通預金通帳からお金が下ろせる仕組みです。そして、その後、普通預金に入金するお金はまず借入残高の返済に使われます。借入残高がある間中、通帳は赤字で印字され、借入残高がなくなって預金残高がプラスになると黒字で印字されます。つまり、預金残高がプラスになるためには、まず借入金残高が0でなければならないのです。ちなみに残高0の場合は黒字で印字されます。つまりマイナスではない、ということなのでしょう。

そこで私が出した答えが、「幸せの最低条件は、不幸でないこと」です。これは運勢学の「陰と陽」『プラスとマイナス』の考え方と根本を同じくするもので、「まずは不幸でないことが幸せのゼロ地点である」と考えたわけです。

そうすると、「では、どうしたら不幸になれるんだろう」という発想が出てきました。「何があれば不幸になるのか」これは定義づけができると思ったわけです。答えがいくつもあっても、整理すればある真理が導き出せると。

私の日常は、「なぜ幸せなのか」の答え合わせより、「なぜ不幸なのか」の答え合わせをする機会が圧倒的に多いので、「不幸のもと」のコレクションは比較的短時間でできました。その結果、いくつかの典型的な不幸のもとを見つけることができました。

☽病貧争乱・不幸の法則の誕生

「これがあればもれなく誰でも不幸になれる、不幸のもと」を考えたとき、ヒントになったのが、仏教でいわれる「生老病死」です。お釈迦様は、生まれたことと生きること・老いること・病気になること・死ぬことが、人間の持つ4つの苦しみだと説きました。

この4つの苦しみが私の『病貧争乱・不幸の法則』の原点です。

一方、私の専門の運勢学のなかの姓名分析で使う「八十一数吉凶表」には、「特徴数」というものがあります。いついかなる時でも、圧倒的なパワーを持つ数字のことで、幸運のパワーを持つ数字が、「11・13・15・24・31」の5つです。これは、カードゲームでいえば「オールマイティ」に当たるぐらいのラッキー数です。

これと反対に、同じく圧倒的なパワーで「アンラッキー」を示す数もあるのです。まず「9・10・19・20・28」の5つ。そして「12・14・22・27・34」の5つと「26・30・36・40・46」のうち30を除く4つが、強烈な「凶」の相を持つ数。その数字が持つ意味を見ていくと、「事故・病難・短命の相」、「不和トラブルの相」、「波乱相」という言葉が出てきます。ここから、「生老病死」の応用形ともいえる『病貧争乱』という言葉が出てきたのです。

私は日々、いろいろな人生を歩まれている方とお会いしますが、その多くは運勢学を活用して「成功したい」というポジティブな方よりも、「失敗してしまった」自分に悩み苦しみ、どうしたら不幸の現状から抜け出せるか迷って来られる方のほうが圧倒的に多かったのです。それらの相談者の話を聞くうちに、「失敗や不幸にはある共通点がある」という仮説は確信に変わり『病貧争乱』の法則ができ上がっていったのです。

改めて整理しましょう。

『病貧争乱・不幸の法則』は次のようになります。

人間が不幸になるための第一の条件は『病』です。

心も身体も経営も全て、『病』に侵されたときに不幸が始まります。『病』は、病気の病。本来の姿や状態とは異なる状態にあることです。『病』はほとんどの場合に貧を併発します。

第二が『貧』。貧困の『貧』。

お金がないこと、お金を生み出す才能がないこと。思いやりがないこと。知性がない。知識がない。常識や教養がない。品がない……。数えられるものも数えられないものも『貧しい』ことは困ること。そして困るのは不幸の始まりとなります。危機感の貧困、倫理感の貧困は今時(いまどき)の企業にとっては困ったことです。

第三が『争い』。

戦争のある国が幸せであるはずがないし、調和が崩れることも、人と人との和がなくなることも不幸。争いはすなわち『貧』を呼ぶものでもあるのです。

そして第四が『乱』。

『乱』は混乱の乱。波乱の乱。騒乱の乱。心が乱れることも、環境やリズムを含めて自分の場が乱れることです。そして『乱』は『争』を生み、やがては『貧』をも呼び込みます。

では、不幸のもとである『病貧争乱』を撲滅するにはどうすればいいか。その答えを見つけるには、それぞれの反対語を考えるとヒントになります。

『病』の反対は『健』。健康、健全の健です。だから、『病』があるときは、優先順位第1位で、健康、健全な状態を目指します。不健康、不健全な要素の排除に努めるわけです。

『貧』の反対は、貧富の差というくらいですから『富』。豊富の富、豊かであることです。経済的に豊かであるためには現物の財か、財を生み出す『才』が必要。心が豊かであるためには、心と時間にゆとりをもって（忙しいと心が亡ぶので……）、思いやりをもって、知識や教養を深め、常識を身につけ品性を高める努力をすればよい。

『争』の反対は『和』。平和の和、調和の和です。「和を以って貴しと為す」という聖徳太子の教えを持ち出すまでもなく、和の原料は愛と情。それは、相手の立場や気持ちを慮って気遣うことから生まれます。

『乱』の反対は『安』。安心、安定、安全、平安、安穏の『安』。整然として過不足なく、無事平穏な状態を目指せばいいのです。これは、中庸を得た状態ともいいます。

病貧争乱は、万能なバロメーター

私は『病貧争乱』を、幸せでない度合いを計るバロメーターとして活用していますが、自分が悩んだ時、失敗した時、先が見えない時、うまくいかない時など、いろんな状況・環境で応用できるものなのです。

自分（あるいは会社）がしてしまったこと（あるいはしてこなかったこと）を病貧争乱に当てはめて分析していけば、必ずどこに問題や原因があるのかがつかめるはずです。

もちろん、時々自分に問うこともできるでしょう。すわなち「わたしは今、和を乱すような発言をしていないか？」「会社は今、人材が貧困ではないか？」など。そうやって、それぞれが抱える病貧争乱をなくしていけば、幸せへのスタート台に立てます。

なぜなら『幸せとは不幸ではない』状態から始まるのですから。

今後、この本の中でも、さまざまな場面で『病貧争乱』という言葉が出てくると思いますが、どうか『病貧争乱こそが不幸のもとであり、病貧争乱がないことが幸せの第一歩である』という原点を理解し、覚えておいてください。

第二章

運気のリズムを知れば、弱点は補える！

運気のリズムを把握する

やるべきことを間違えないこと

人に運気があるように、組織や会社にも運気があることは述べました。そしてその運気は、リーダーや経営者の運気に影響されることも。

したがって、リーダーであり経営者たる者は、個人なら「自分の運気」を知り、リーダーなら「自分の運気」と「組織の運気」の両方を知っておく必要があります。運気の流れをきちんと知り、味方につけることで、成功に近づくからです。

よく「最近、やることなすこと裏目に出て、運気が最悪だ」と言う方がいます。たしかにその時は、いい運気ではないのでしょう。でも、運気は「下がりっぱなし」ということはありません。欠けた月がまた満ちるように、離陸した飛行機が必ず着地するように、運気も年単位、月単位でリズムがあり、下がった運は必ずどこかで上がります。そこで大切なのは、運気に合った行動を選択するということなのです。

よく、「攻めの経営・守りの経営」という言葉が使われますが、運気が悪い時には、たとえ攻めたくても「じっと待つ」ことが大切なのです。飛行機にたとえると、エンジンの調子も悪く、燃料も乏しい、そのうえ行く先の天候も芳しくないという状況なのですから。そういう場合は、いつか飛び立てる状況が整うまで、燃料を蓄え、各部の点検を完璧にして、飛び立てるチャンスをじっと待ちます。競争の激しい世の中では、「待つ」ということはとても勇気のいることかもしれません。でも、運気が悪いときは、無謀な勝負をかけるほど、損失も痛手も大きくなります。

また、組織運営や経営ではさまざまな局面で「やるべきこと・選択すべきこと」が異なってきます。運気によって注意すべき点が違うように、事業の発展・拡大のためにやること、現状を維持するためにやること、撤退するためにやることは違います。明日の準備をしなければならない時に、昨日の後片付けをしていても意味はありません。それを間違えないためにも、運勢学を活用してほしいのです。組織の、そして自分自身の運気のリズムを把握し、「今はどんな運気で、ここでは何をすべきなのか」を常に考え続ける。才能と努力だけでなく、「運気」の面でも万全な対策を練っておく。それが経営者に必要な心構えだと私は思います。

☽運勢階段の一定の法則（運勢階段のリズムを知る）

運勢は、一定のリズムで繰り返されますが、では、運勢は何によって決まるのでしょう。それは九星の遁甲（とんこう）の法則（後述）と九星盤の9つの宮です。9つの宮にはそれぞれに意味があり、九星は9年かけてそれぞれの宮を巡ります。その遁甲という九星の循環運動が運勢をつくりだすのです。各宮の運勢ワードは次のとおりです。

坎宮（かんきゅう）／充電運、坤宮（こんきゅう）／準備運、震宮（しんきゅう）／躍進運、巽宮（そんきゅう）／発展運、中宮（ちゅうぐう）／変動運、乾宮（けんきゅう）／充実運、兌宮（だきゅう）／悦楽運、艮宮（ごんきゅう）／変化運、離宮（りきゅう）／決着運

では、9年間の流れで見た場合の、幸運を引き寄せる過ごし方の秘訣を、飛行機のフライトを例にしてもう少しお話ししましょう。ポイントは「上がったら、下りる」です。

坎宮（充電運）　前回のフライトが終わったばかり、整備点検中。厄年周りで衰運。諸事停滞難航しても焦らず我慢。積極的な行動は控え、無理せず受身の姿勢で現状を守ります。寝食を大切にして健康に留意し、今後9年の計画立て、必要な調査や訓練・学習に勤しんで、知力・体力を蓄積します。

坤宮（準備運）　滑走路に出て離陸へ。助走しつつ徐々に速度を増す頃。運気は徐々に回復に向かいます。功を焦らずに、地道な努力で基礎を固めて浮上の準備。

☾ 運勢の階段リズム

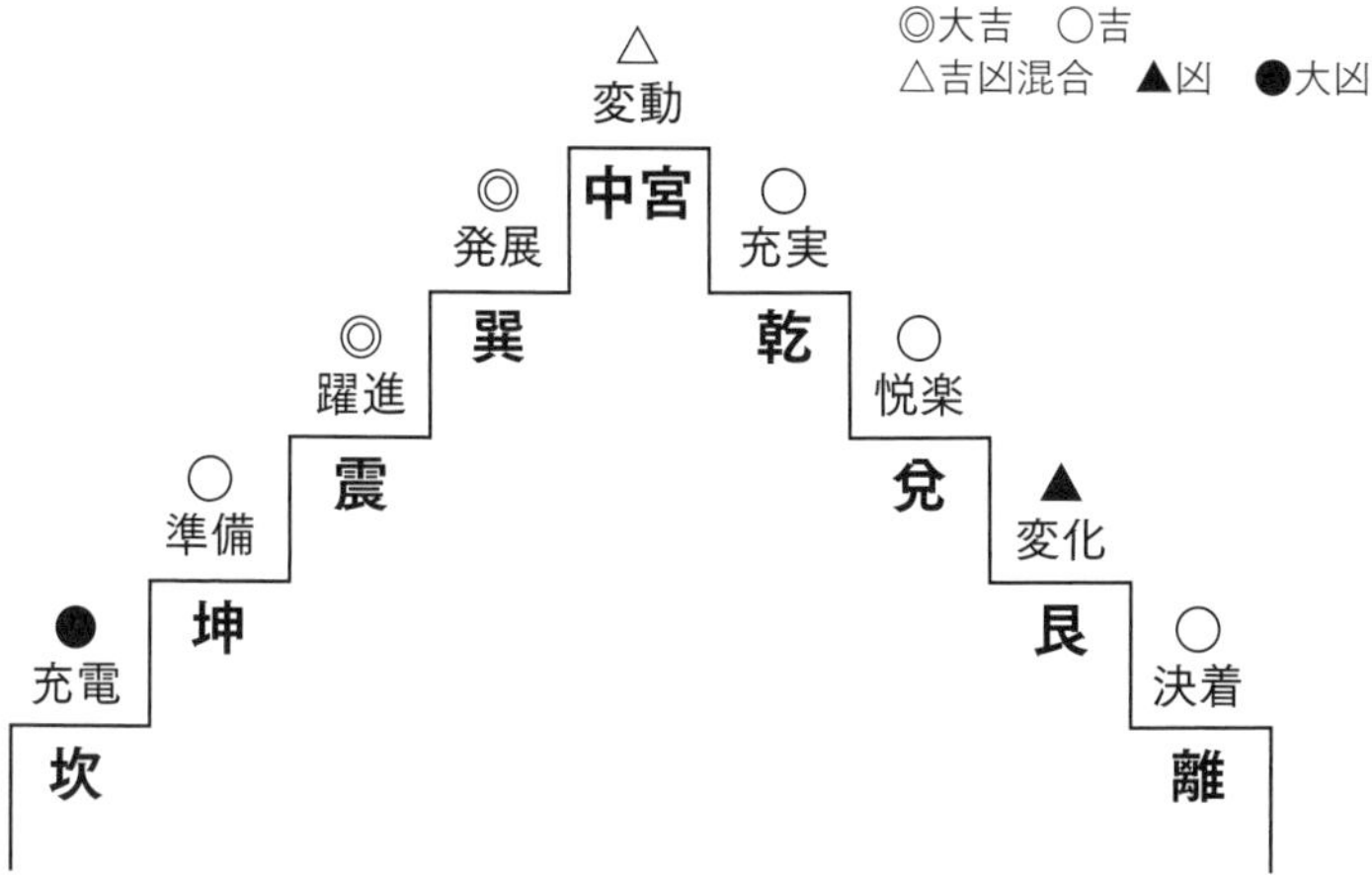

目的を絞って計画を練り上げ準備を進めます。補完者の育成、周囲への根回しも大切です。

震宮（**躍進運**）　離陸後、高度をあげます。

上昇の運気で活性。気力も体力も充実し積極性、行動力も増します。積極果敢な行動が功を奏しますが計画性が不可欠です。計画の実行のチャンス。新たなジャンルへの挑戦も吉。

巽宮（**発展運**）　成層圏に入り、水平飛行への準備。どんどん距離を伸ばして目的地を目指します。

発展の運気と良い縁に恵まれ大いに実力を発揮し諸事順調に進展します。何事も最後まで丁寧に仕上げ信用も増すでしょう。バランス感覚を大切にして信用第一の姿勢で交流協調が発展の鍵。

中宮（変動運）　転換期。これ以上、上がれません。現在地を確認し、目的地の場所や天気、残りの燃料量をチェックして下降の体勢を整えます。

陽運気と陰運気が入れ替わる転換の節目。吉凶が交錯して不安定なときです。発展・向上・拡大より安全・安定・充実を優先しましょう。現状を踏まえ、越し方を振り返り過不足を調整します。

乾宮（充実運）　高度を保って成層圏を安定飛行です。

努力に見合う成果が得られるときです。周囲に頼られて多忙ですが、使命感・責任感をもって周囲の期待に応えれば信頼を得られます。自己過信せず分相応を心がければ安定し、充実感を得られます。

兌宮（悦楽運）　目的地に近づき徐々に高度を下げて目的地を目指します。

発展性は今ひとつですが、穏やかな運気に恵まれ諸事順調。欲張らず、怠けず、心に余裕をもって過ごすことが大切です。社交運が好調。人間関係の良好と心身への栄養補給を心がけましょう。

艮宮（変化運）　着陸地に向けて一気に高度を下げます。非常に不安定な時期です。

変化変動の運気に翻弄されがちなとき。自分から変化を起こすような行動は避けるのが無難です。外からの変化に対しては、状況を静観し変化の成り行きを見定め柔軟に対応す

九星の運勢リズム

9年間で1サイクル

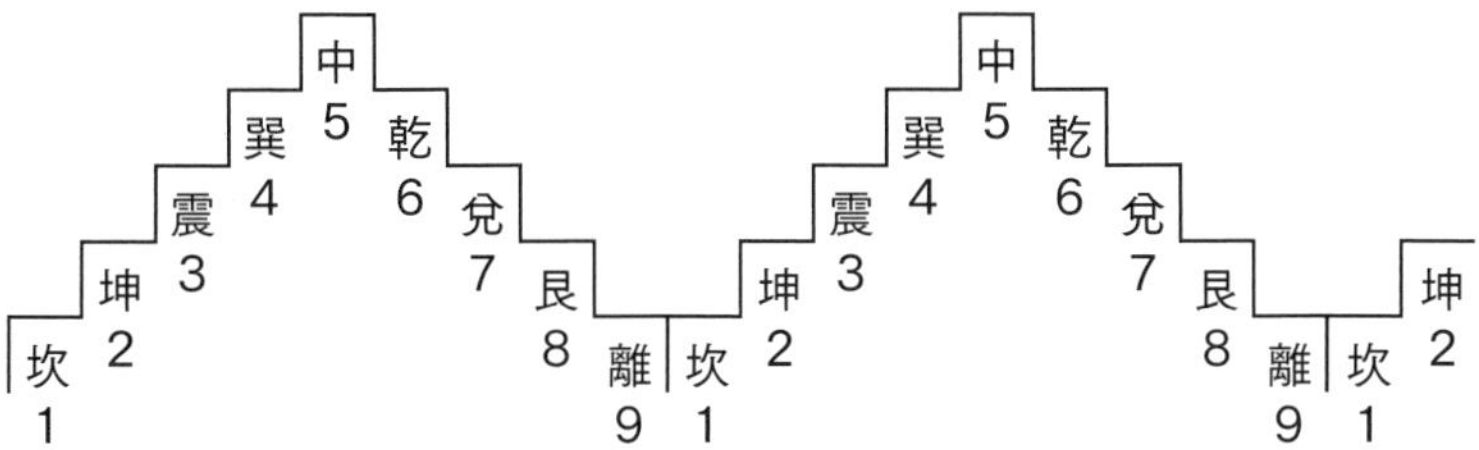

ることが大切です。

離宮（決着運） 無事に着陸します。

輝く太陽の気を受けて好調。顕現の作用で良くも悪くも目立ちます。努力の成果が評価され名声や信用が高まる反面、隠し事や不正が露見することも。万事にけじめが大切。見栄と嫉妬は評判を落とす原因となります。

中宮に入ったら、調子にのらない

年運では、生まれたときに割り当てられた（あなたの、あるいは経営者の）本命星は1年ごとに各宮を移動します。こうして9年で運勢の1サイクルが終了し、次のサイクルへと進みます。その循環を平面図であらわしたのが「九星の運勢リズム」です。

図では、階段は水平で元の位置まで降りていますが、理想的には階段が未来に向かって斜め上に移動していくことです。では、そのようになるには、どのような心がけで運勢階段を上り下りすればよいのでしょうか。

63ページに4つの階段の図があります。

①は基本パターン。

②は、上りのステップのひとつひとつが低く、しかも中宮からあとはガクンと下がっていく転落のパターン。

逆に③の階段が理想的です。坎宮、坤宮、震宮、巽宮の上昇ステップを高く踏み、頂上の中宮からゆっくり慎重に下りていきます。

もっとも悪いのは④です。これは日本でいうとバブルの時期前後の運勢階段がこのような形になります。中宮は、「これ以上、上がってはいけないところ」なのに、欲を出してありもしない階段を上がっています。その結果、バブル崩壊でスタート時よりも落ちてしまい、その後は、長い間その損失を取り返せない年月を過ごすことになります。

このようにならないためにも、上がったら下りるというルールを忘れてはいけません。上がるときは一生懸命努力して、できるだけ高いところまで上がり、下りるところでは少しずつ、ゆっくり下りるようにします。そうすれば、次のサイクルでは、無理なく高いところからスタートできるのです。

☾ 運勢階段のいろいろ

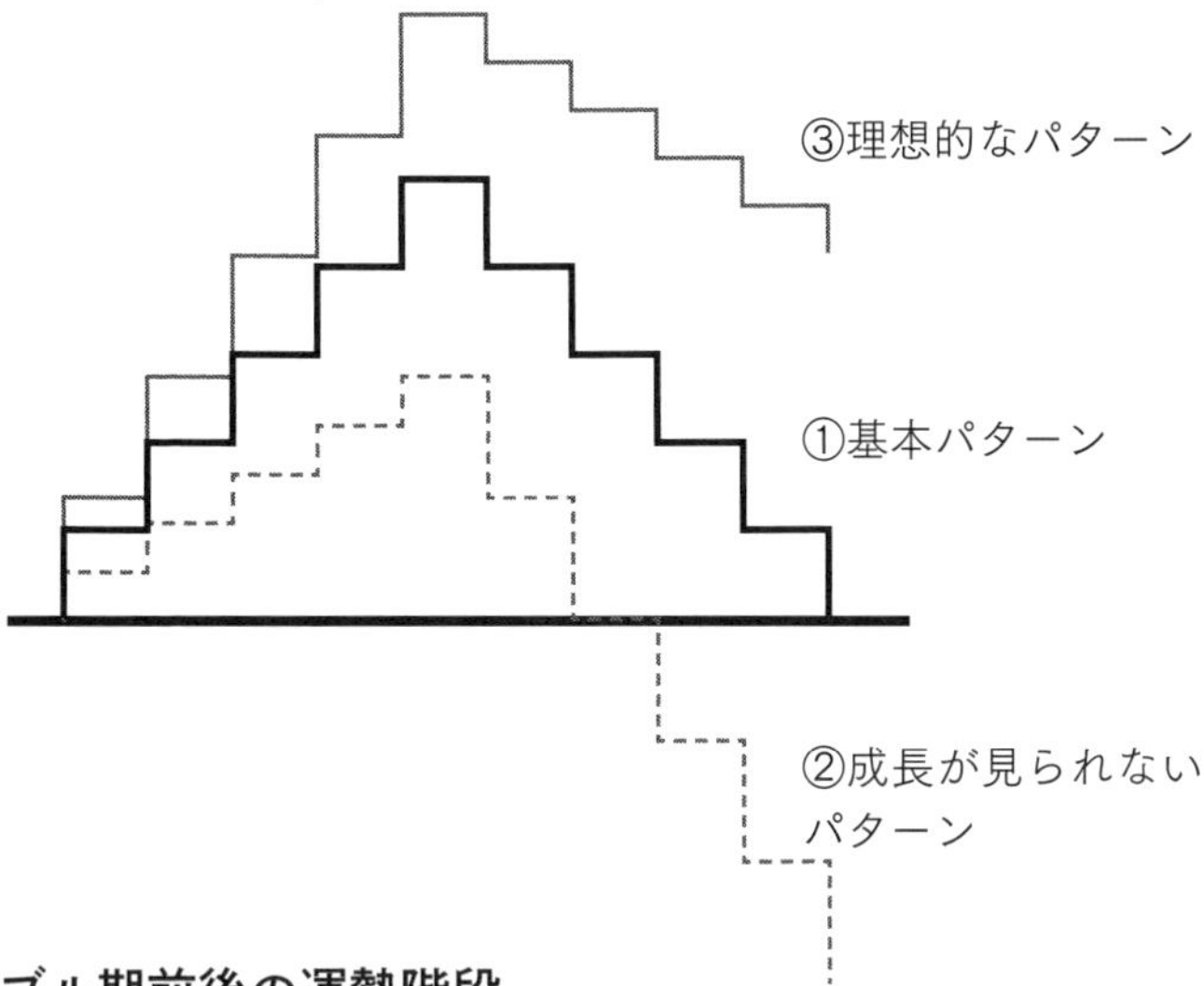

☾ バブル期前後の運勢階段

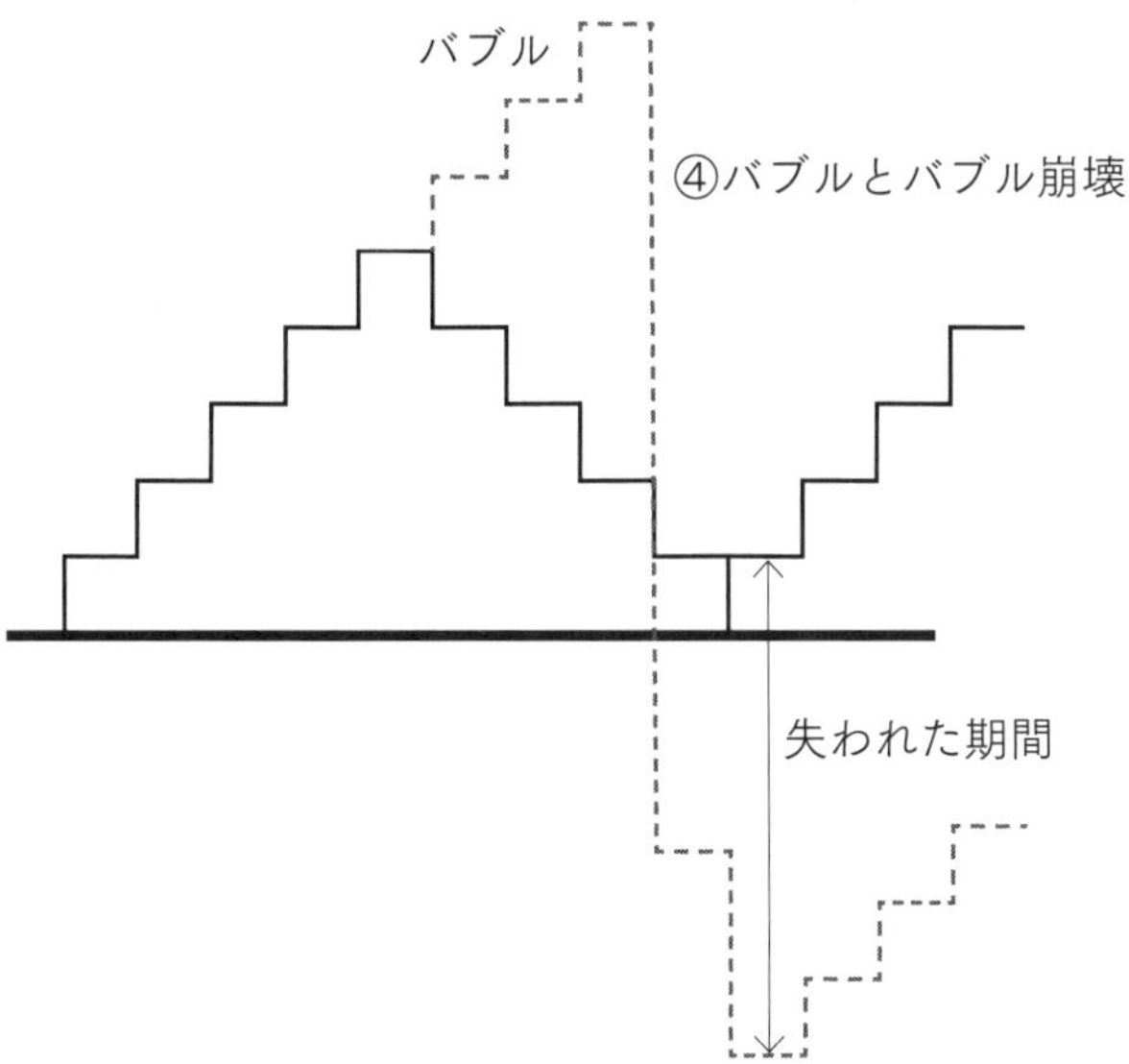

三つの宝物の言葉で運気を高める

「せっかくだから」

神様が人間に与えてくれた最大にして唯一の共通の能力をご存じですか？　それは「どんなことでも練習する前より、練習した後のほうが上達する」という能力、つまり学習能力です。ただし、努力する方向を間違えばその限りではありません。だから、努力の方法を間違わないことは大切なことです。しかし、結果に直結しなくとも、熱心に練習したことで腹筋が強くなったり、足腰が鍛えられたり、知恵がついたりと、何かしらは得ているはずです。やったことは絶対にムダにはならない……そういう信念を持つことが、人生に成果を得たいと考える人、例えばリーダーや経営者には求められています。

この思想は「せっかくだから」の精神につながります。言い換えれば、「どんなことでもモトを取る」の精神、「転んでもタダでは起きない」の逞(たくま)しい意志ともいえるでしょう。「せっかくだから」は、成功を望む人には欠かせない第一の言葉です。

さて、ここで質問です。日本には上り坂と下り坂、どちらが多いと思いますか？　答えは当然「上り坂と下り坂の数は同じ」です。ひとつの坂は、下から見れば「上り坂」になり、上から見たら「下り坂」になる。要するに、物事は見方によってどうにでもなるのです。失敗や苦難も、見方を変えればチャンスになる。そこで活躍するのが「せっかくだから」という言葉。それをわかっていただきたかったのです。

悪いことが重なると人はネガティブになります。でも、「せっかくだから」の精神があれば、ネガディブが反転してポジティブになり、停滞から行動に移行できます。「せっかく病気をしたのだから、今までの寝不足を取り返してやろう」とか、「せっかく経営危機になったのだから、これを機に不採算部門を整理しよう」とか「せっかく取引がなくなったのだから、このチャンスに転業してしまおう」などなど。「せっかく」という言葉をつけるだけで、辛い上り坂も楽々な下り坂に見える、それが大切なのです。

私のところに見えたお客さまにも「せっかくだから」の精神で成功した人がいます。もともとは製糸・織物工場でしたが、機械を作るノウハウがあったので、「せっかく繊維産業が衰退しているのだから、精密機械に転業しよう」と考えました。「せっかく機械もあるんだし、せっかく機械に得意な人材もいることだし」と、すべてをポジティブに考えて、現在、ＩＴ関連の精密機械の分野で成功を収めています。

ある意味、物事の状態が悪化したときはひとつのチャンス。実は、「悪化したときでないとできないこと」がたくさんあり、撤退や業種転換などは、その最たるものです。せっかく景気が悪いのだから、この機に乗じて（不景気対策という名目で）ダウンサイジングを図ろうとか……。ただし、この「せっかくだから」は、「ついでだから」と混同してはいけません。「おついで仕事」が良い結果に結びついたためしはありません。

「ありがとう」

成果を上げられる人、また良い経営者であるか否か、それは「ありがとうが言えるか否か」だと私は思います。「ありがとう」は感謝の言葉です。漢字で書けば「有り難う」であり、つまり「有り」「難い」ことに出会えた結果の言葉なのです。

ダメダメだった社員が成長して取引先に信頼され始めた、赤字を覚悟していたのに、新しい商売の情報が手に入ったなど、大小含めて有り難いことに出会えるのは、それだけ運がいいとは思いませんか？　心の底から「ありがとう」と言うたびに、いい運気を呼び込んでいるのかもしれません。

「ありがとう」を上手に使える経営者やリーダーには、新鮮なホウレンソウ（報告・連絡・相談）がたくさん届きます。誰だって「ありがとう」と言われてイヤな気がするわけがありませんから。しかも当然のことをしていて、目上の人に言われるのであればなおさらです。「ありがとう」には、別の新たな有り難いことを生み出す力があります。類は友を呼ぶからです。

一日に何回「ありがとう」と口にすることができるかで、あなたの幸せ度が測れるのかもしれません。なぜならば、「ありがとう」は感謝の言葉です。労いの言葉でもあります。人に感謝し、人を労う（ねぎら）ことは、他人に思いを致し、人を思いやることができることであり、それは心に余裕のある証拠です。大小様々な場面での「ありがとう」が蓄積していくことで、あなたは幸せのポイントを稼いでいることになるのです。

私見ですが、スマートに「ありがとう」が言える人は、実に貴族的、ノーブルなイメージをかもし出し、とても素敵に見えます。

「お陰さまで」

人間は一人では生きられません。空気があり、食べるものがあり、愛してくれる人がいて生きています。物事を成し遂げること、例えば経営も同じです。自分一人の力でできることは限られています。助けてくれる部下がいて、仕事に協力してくれる取引先がいて、それを買ってくれる消費者がいて成り立っています。そんな状況は「お陰さまで」という気持ちで受け止めることが大切です。

「屋根のあるお陰さまで、雨に濡れません」「仕事があるお陰さまで、お給料がいただけます」など、「お陰さまで」という言葉は、「生かされている」という謙虚な気持ちの表れなのです。「お陰さまで」という言葉が言える限り、誰かを貶める(おとしめる)ような、人の道に外れることはしないでしょう。恩知らずや礼儀知らずは、「お陰さまで」という言葉を使う術を知らないはずです。「お陰さまで」と言える人は、それだけ多くの人の恩を受けている、すなわち「運がいい」といえるのです。

「せっかくだから」「ありがとう」「お陰さまで」。この三つの言葉は、経営者の運気を高め、周りの人をもハッピーにする宝の言葉だと私は思います。

運の流れを読みつつ、努力する

「好き」と「上手」は一致しない

日本人は「努力」という言葉がとても好きです。私もいい言葉だと思います。でも、ここでは「努力」の意味をもう一度考えたいと思います。

努力というのは、「ひたすら一生懸命打ち込むこと」だと捉えていませんか？　実は少し違うのです。努力というのは、「現状を目的に近づける」ために力を注ぐことだと私は考えます。

極端な話、東に行きたいと思っている人が、西に全力疾走しても、目的地からは離れていくだけです。その状況で「私は精一杯努力した」と言っても、「結果が出ていない。単なる自己満足にすぎない」と酷評されるだけでしょう。東に行こうと思ったら、たとえ足が遅くても、東に向かって走り出さなければならない。東に向かって一歩ずつ歩みを重ねていくことが、本当の意味での「努力」なのです。

ここで注意すべきことが1つあります。それが『努力逆転の法則』。私はこれをジョセフ・マーフィー博士の本の潜在意識について書かれているところで見つけました。

簡単に説明すると、「お金持ちになりたい」「出世したい」「仕事で成功したい」「健康になりたい」など、「○○したい」と思うときは注意が必要です。なぜならば、「○○したい」と強く思うほど、強く思うたびに、「○○でない現在の自分自身」を強く深く自分の潜在意識に植えつけることになり、「潜在意識はいずれ顕在化する」という法則に則って、『○○でない自分』を実現させてしまうから、というのです。

いくら努力しても、意識の持ち方を間違うと、潜在意識が願いとは逆の結果に導いてしまう……。恐ろしい「努力逆転の法則」に陥ってしまうのです。

ではどうするか。それは、ちょっとした意識改革で解決するのです。その方法とは「想い方・意識の仕方を改める」ことです。「かく在りたい」という希望や目標を、ただ欲するのではなく、現実の結果に変えるために「自分は今、確実に○○しつつある」というようなＩＮＧ形・現在進行形で意識する。そしてそのために、「○○しよう」「○○する」という、より積極的・能動的な決意を潜在意識にたたみこみ、より具体的なアクションプランを作って少しずつでも良いから必ず実行するのです。これが、努力を確実に結果に近づける近道にもなります。

もう何年も前のことですが、私はプロゴルファーの海老原清治さんと一緒にコースを回る機会に恵まれたことがあります。

そのときに言われた言葉が「練習場で運動してもしようがないでしょう。きちんと頭を使ってしっかり練習しなさい」「ムキになって100球、200球と打っても、体がくたびれるだけでたいした成果は上がらない。むしろマイナスだよ」です。つまり、技術的なことをなにも考えず、ただクラブを振り回しているのでは、キチンとした練習にはならない。それではただ体を動かしているだけの運動だ、というのです。

もちろん、自己流の練習でも、目的をシッカリ決めて、自分の体が自分の思っているように動くようになるまでひたすら反復練習を積み重ねるのであれば、相応の結果も出るのでしょうが、それにしても同じ時間を合理的な練習に費やしたのとでは結果は天地の差になってしまうでしょう。

つまり、努力すなわち「一生懸命やること」は、方向性さえ間違えなければ、知識やスキルが身について、「こうなりたい」という夢や目標に着実に近づくことができる極めて有効な方法です。これが「プラスの努力」というものです。

もちろん人間ですから、「やりたいこと」と「できること」はなかなか一致しません。しかし、その差を縮めるように力を尽くすことが、努力なのだと私は思います。

「好きなこと」と「上手なこと」も同じように一致しませんが、好きであるほうが上手になる確率が高いのです。「好きこそものの上手なれ」で、「好き」であることは、「上手」に近づく第一歩です。なにせ、好きであれば、飽きることなく、諦めることなく続けることができるのですから。

また、「努力」をする場合に「状況を読む」ということも忘れてはなりません。言い換えると、「運を読む」ことも必要なのです。

状況がいい時、あるいは運がいい時は、やりたいことを思いきりやればいい。「スプーンでは池を越えられないと思うから、5番アイアンで刻んだほうがいいんじゃない？」と言われても、風がフォロー（追い風）でコンディションも絶好調なら、スプーンを思いきり振ればいいわけです。そういう場合は、たとえ池に落ちても後悔はなく、池の手前からは得意な距離が残っているので挽回も可能で、結果的に大勢に影響がないことが多いのです。

運が悪いときは「やりたいこと」は後回しに

これに対して、状況が悪い時、あるいは運勢が低い時には、「自分は何をすべきか」を冷静に考える必要があります。

「やりたいこと」と「やらなければならないこと」があったら、まず「やらなければならないこと」を優先すべきでしょう。

前述の場合なら、風はアゲインストで、コンディションも絶不調なわけですから、勇気をもって小さいクラブで池の手前にきざみ、「池に落とさずスコアをキープする」ことを心がけたほうがいいでしょう。そうすれば、無理にトライして最悪の状況（ゴルフならギブアップのスコア）になることを防ぐことができます。

繰り返しになりますが、一生懸命やりさえすれば、結果に近づけるわけではありません。方向ややり方を間違えれば、結果からはどんどん離れていきます。余計なことをしてマイナスになるぐらいなら、現状維持のほうがいい時だってあるのです。

状況や運気を取り入れた判断も「努力のひとつ」だということを、忘れないでください。

他人に努力をさせるには目標を見せる

では、あなたが会社経営者だとして、社員に努力をさせたい場合はどうすべきか。これは大変難しいことです。その割にすべきことは簡単です。目標を見せればいいのです。努力したくなるような「魅力的なでき上がり完成予想図」を見せることが大切です。

「やってやろう」というモチベーションは、明確な目標や張り合いがなければ生まれません。毎日、何に使われるのかわからない鉄の棒を磨いているだけだったら、誰だって手を抜きたくなります。でもそれが飛行機のシャフトだとわかったら、「自分の仕事には人の命がかかっている」という責任の大きさがわかり、一生懸命取り組むでしょう。「何のために」という自分の任務の方向や影響力を、各自に理解させることはとても大切なことなのです。

また、目標が大きすぎる場合は、その過程において、何度か「達成感」を感じさせる必要があるでしょう。

「3000メートルの山に登れ。頂上からの景色は素晴らしいぞ」と言っても、頂上が遥かに遠く、歩いても歩いても自分がどこにいるのかわからない状況だったら、登る気持ちも次第に萎えてしまいます。しかし、「300メートル地点には清水が湧いていて、500メートル地点には鳥居が出てきて、1000メートル地点にはおいしいトコロテンを食べられる茶屋があり……」という情報を与えれば、その地点を目指して頑張れるし、力の配分もできるわけです。

目標を明確にする。その目標に達するまでの過程やルールも明確にして、お楽しみも用意する。そうすることで、モチベーションや参加意識が生まれ、その人のパワーが真の企業の財産になるのです。

努力をさせたいときに、苦しい思いばかりするのでは続きません。考えたいのが、「好き」と「楽しい」が隣合わせであることを利用することです。「楽しいから好き」「好きだから楽しい」、どちらも間違ってはいません。したがって、楽しければ好きになる。好きになれば上手になる可能性が高い。だから、上手になるためにはまず楽しいと思う、というステップが成り立ちます。「必要だからする努力」「スキルアップのための研修」も楽しくやる工夫が大切です。

運が逃げていく言葉

文句はすぐに言葉にしない

共同でなにかを成し遂げようとするとき、最大の問題は常に「人間関係」です。とくに企業経営では一時的に業績が良くても、社内の人間関係が悪ければ、それぞれが足を引っ張り合い、ひいては業績悪化につながります。

人間関係において、もうひとつ使える手口をお教えしましょう。それが「頭にきてもすぐ怒らない」「文句があってもすぐに言わない」という方法です。この方法は、高度なテクニックは不要ですが、使えるようになるまで少し訓練が必要です。ただし、後で人間関係を修復する手間よりもよほど簡単です。

頭にきても、すぐにカーッとせず、「この怒りを爆発させなかったことで、相手に貸しを作った」と思うようにするのです。つまり、頭にきたら、怒りを表に出さず、直ちに心の中で相手に宛てた借用書を書くわけです。「この野郎」という思いに値段をつけ、ついでに利息もつけておく。そして、その貸しが溜まりに溜まったら、まとめて返済要求をして返してもらえばいいのです。もちろん、その際には明細がきちんと入った借用書がありますから、相手も「知らぬ存ぜぬ」では通せません。グウの音も出ないでしょう。謝罪でも労いでも感謝でも、好きなものを取り立ててください。

「貸した」という気持ちは、心に余裕を生みます。貸したあなたが「豊か」であり、知らずに借りてしまった相手は何かが貧しいのです。これは「金持ち喧嘩せず」という定理の応用です。ケンカというのは、お互いがイーブンの関係でしか成り立たないものですから、豊かなあなたと貧しい相手では、ケンカになるはずもありません。大学生と小学生のケンカが成り立たないのと同じ道理です。

「相手として不足があるから、ケンカなどしてやるものか」という気持ちが大事です。相手のレベルが低いと思ったときほどこの手口は有効です。対同僚、対上司、対企業、対取引先とのつきあいにもぜひ、応用してください。

指導者的立場なら、いっそう幸運をつかめるようになる

☽ やせ我慢も時には大切

もしあなたがリーダーであったり経営者ならば、それだけで十分運がいいといえます。まず、そのことに自信と感謝の心を持ってください。

少なくとも会社を興し、社員を持ち、夜逃げをしなくても大丈夫なぐらいは利益を出している。これは十分幸福ですよね。

最初にも言ったように、「わたしは人より運がいい」と思うことが、運気を逃さない基本精神なのですから。

さらに、リーダーや経営者のほうが圧倒的に幸運をつかむ可能性が高いのをご存じでしたか？　なぜなら、決定権を持つ者は、それだけ「選べるチャンスが多い」からです。

一般社員などの場合は、「明日から大阪に出張に行け」「来月から福岡に転勤だ」と言われれば、行くしかありません。その人にとって、そのときが「衰運」であったとしても、

「凶方」であったとしても、です。

でも、ある程度の決定権を持っている人で、運気の大切さを自覚し、多少の知識を持っている人なら、「今月より来月のほうが運気も方位も良いから来月にしよう」と、時や方位を選べます。せっかく選べるチャンスと権利を持っているのですから、その都度、プラスになるもの、マイナスにならないものを選んでほしいと思うのです。

ある企業のトップの方の話をしましょう。

彼はかねてから東京進出の夢を持ち、ようやく土地を手に入れることができました。しかし、土地は手に入ったものの、開店するには運気が整っていなかったので、着工、開店の時期を遅らせ、運気が上昇に転じ、その方位が吉方に回ったときに満を持して開店しました。

同じく、別の経営者の話です。その人は2月に自分の理想の家と出会い、他の人に借りられる前に手に入れようと契約を決意しました。不動産は縁ものなので、出会った時が買い時・借り時ですから。ただし転居については、7月まで運気も方位も最悪でした。そこで「保証金は払うから、家賃の発生は8月まで待ってくれ」と最初に大きな手付けを払い、半年後に無事、転居をしたのです。

時と方位はその気になりさえすれば選べるものです。この2つのケースは、「選べるチャンス」をきちんと使った例といえるでしょう。

もちろん、誰もがこのように選べるわけではありません。どちらも、それなりの信用と経済基盤があるからできることです。

「選べるチャンス」を持っている人は、大抵このようなやせ我慢ができる力があります。

そして、運気のことを多少とも知っていれば、「時期をずらす」などの工夫ができます。

この2人の経営者は、運気が悪いのをそのままにせずに、自分のできうる範囲で工夫して、マイナスの運気に飛び込んでいくことを防いだのです。マイナスを防いだという時点で、すでにプラスの運気を呼び込んでいるといえるでしょう。

物事や企業の成功や成長、存続を望むなら、やれることは何でもやる。選べるものはきちんと選ぶ。その根性はとても大切だと思います。

やるべきこととやりたいこと

優先順位を考える

「みんなが株を買って得をしているときに、株を買わないのは損か得か」

こう聞かれたら何と答えますか？

答えに正解はありませんが、この答えで経営者の性格や経営に対する考え方がわかるような気がします。

私はこう考えます。

「株は買わない限り、絶対に損はしない」

株を買って得した人もいますが損をした人もいます。しかし、株を買わなかった人は、決して株でも損をすることはないのだから、損をした人に比べればその分だけ得したようなものだろうと。それが運勢学の考え方なのです。

「出を制して入りを計る」は商売の鉄則です。「出を制する」の効能は、「10万円を倹約して使わずに済めば、それは10万円の純益を得たのと同じ」というところにあります。利益率が10％とすれば、10万円の純益を得るには１００万円の売り上げが必要です。ゆえに、10万円を倹約する努力は、営業経費が不要な分１００万円を売り上げる努力に優るというわけです。すなわち『マイナスにならないことがプラスの原点である』であり、私の考える『幸福の最低条件は不幸でないこと』に当てはまるのです。

運気を呼び込むには、本業、すなわち本来やるべきことをきちんとやることが基本です。本業に真剣に取り組み、少しでも利益を出し続けることが、不確実な投資をして、マイナスを増やしていくよりずっと大事なことです。

「それならチャレンジをしてはいけないのか？」という反論がありそうですが、チャレンジをするにしても、本業が正しく機能していないと、意味はありません。バブルの頃、本業をないがしろにして土地を買い占め、専門外の事業に乗り出し、踊りまくっていた人や企業が破綻したのも、運勢学的には「消えるべくして消えていった」と判断します。

「やるべきこと」の先にあるもの

人間にも企業にも、何かを始めるとき、その対象を２つの視点でわけることができます。

1　できることと、できないこと

2　やりたいことと、やらねばならないこと

どんな場合でも、まず優先するのは「やらねばならないこと」です。

先の図式でいうなら、「できること&やらねばならないこと」が最優先になります。次が「できないこと&やらねばならないこと」です。

要するに、何をおいても『MUST』を優先する。それが本業を大切にすることであり、信頼を獲得する術であり、大きな失敗を呼び込まない知恵だと、運勢学的には考えるのです。

しかも、幸いなことに「できないこと&やらねばならないこと」を、ひとつひとつしっかりなし遂げていくと、「できないこと」が「できること」に変わってきます。それを『成長』と呼びます。与えられた任務から逃げず、きちんと向き合うことで、運も逃さず成長もできるわけです。

それなのに、人間（企業）はどういうわけか、「できないのにやりたいこと」に魅力を感じてしまいます。そこには「だって、できるかもしれないから」という発想があり、「きっと、できるだろう」という期待に変わる、その気持ちもよくわかります。

しかし、個人でも、ましてや経営者であるならば、『できないこと』が『できること』に熟すまでは待つべきでしょう。というのも、前の論理の通り、『できないこと&やるべ

きこと』を重ねていくことで、『できること』が増えていくからです。ただ、人間（企業）は面白いもので、『できないこと&やらねばならないこと』ばかりをやっていると、気持ちが腐っていきます。モチベーションが下がるのです。だから時々は、気分転換のために『できること&やりたいこと』をやっても構いません。要は、簡単な肩ならしです。そこで「楽しい」「やってよかった」「できた」という喜びを得て、また『できない&やらねばならないこと』に戻ればいいのです。

私は日常の鑑定の中で、よく「私にはできません」という言葉に出会います。しかし、文字通りの『できない』、つまり能力的・条件的に本当に不可能である場合もありますが、よくよく聞いていると、『できない』と言っている人の多くの本音は、『できない』のではなく、単に『やりたくない』であることが多いのです。ですから、『やりたくない』という心を取り除き、「やってもいい」「やる」「やりたい」に変えていく工夫が必要です。そうすれば、その人の中に潜んでいる『できる』を引き出すことができます。その気になりさえすれば『できる』はずなのですから。

そのためには『できない』と言わせている原因を突き止める必要があります。その原因の一つは、「欲しい報酬をもらえない」、つまり張り合いがないということ。そして、もう一つは「自信がない」ことが考えられます。ゆえに、「張り合い」と「自信」を与えることで『できる』を引き出すことができると思うのです。

では、その報酬となるのは何か……。それは、「お金」だけでなく、「休み」「ねぎらい」「感謝」「賞賛」であることも多いのです。また、自信のない人には「叱咤」と「激励」そして「承認」、認めてあげて励まして、そして背中を押してあげること。無責任なヨイショや叱咤だけではダメなのです。『できない』が『できる』に変わるには『張り合い』と『自信』この両方が必要なのだと思います。

「三つの言葉で運気を高める」の項で、新鮮な「ホウ・レン・ソウ（報告・連絡・相談）」がたくさん届くコツについてお話しました。

この「報・連・相」を受け取ったときがチャンス。「お返し」すべき報酬として最適なのが、「ネギ（労い）・カン（感謝）・ショウ（承認）・ゲキ（激励）」の言葉です。

つまり、報告があり、連絡を受け、相談をされたら「頑張っているね、どうもありがとう、ちゃんとやっているね、わかっているよ……、そしてこれからも頑張ってね」と激励をするのです。

「報・連・相」を受け取ったら、必ず「労・感・承・激」をお返ししましょう。そうすれば、「報・連・相」を持ってきたほうは、ますます気分がよくなり、喜んでもらうために新鮮で良質な「報・連・相」をせっせと運ぼうという気になります。そうすると上下の間でも、組織内そして家庭内でも、意思疎通が大変よくなります。

木が育っていくためには、その木にあった環境と、木が倒れないようにする「支柱」と、育っていくための「肥料」が必要です。肥料は、木の種類や成長段階によって違います。それを間違えないためには木を知らなければなりません。同じように人の中に潜む可能性が引き出され、伸びていくためにはその人に合った『環境』と『自信』と『張り合い』が必要なのです。「できない」理由が「能力」なのか、「環境」なのか、「自信のなさ」なのか、「張り合い」のなさなのか、まずそれを知ることが大切です。

また、『できる』と『できない』の間には、『できるかもしれない』というのがあります。「できる」ことを積み上げていくと、やがては「自信」が生まれ、「できるかもしれない」ことにも手が届くようになり、できることの領域が広がっていきます。そこに、チャレンジと練習の意味があり、それこそが『能力開発』『スキルアップ』の正しいステップなのです。

一足飛びに「できない」から「できる」に飛び上がろうとせず、「できるかもしれない」へ、さらにできることならば『やりたい』を経由して着実に『できる』につなげていきたいものです。そして、その正しいステップに踏み出すためには、その人なりの『張り合い』が必要なのです。

このとき周囲の人ができることとは、『環境を整え』『自信を引き出し』『張り合い』を与えてあげることとです。そのためには何よりもその人が『できない』と言っている理由を上手に聞き出すことが大切です。

そこでは、コーチングでいうところの『アクティブ・リスニング』という姿勢が大切です。「アクティブ・リスニング」のコツは相手の言葉に傾聴する姿勢、つまり、自分の希望や批判などの感情を加えず、「うなずき」「あいづち」「適切な質問」をしながら自分の聞きたいことではなく、相手の言いたいことを、「ちゃんと聴いていますよ」という態度で積極的に聴くことです。あなたの聴く姿勢が、相手から本音を引き出す決め手となるのです。

無知は最大の敵

自分の専門外はプロの力を活用する

物事を成功させて、いわゆる『勝ち組』になるためには、その道のプロフェッショナルでなければなりません。

私は、プロフェッショナルの定義のひとつとして、「その世界で闘うルールに精通していること」を挙げたいと思います。「こうすべき」という部分はもちろん、「これをしたら違反」になるというところまで、きちんと把握しなければ、正しい戦いを挑む『プロ』とはいえないと思うのです。

ただし、自分の力・頭・知識・経験ではルールに精通するのが無理な場合もあります。例えば、営業からの叩き上げで会社を起こした社長だったら、税務の細かな部分のルールに精通するのはしんどいでしょう。だから税理士を雇うわけです。「自分に足りない部分」は専門家の知恵を借りて補えばいいのです。

一番危ないのは、「自分は全てのルールに精通している」と錯覚してしまうこと。「わかっているつもり」で自分で税務処理を行った結果、税務署からのチェックであちこちの不備を指摘され、追徴金を取られたらバカらしいじゃないですか。

まず、『自分はこの部分ではプロ（＝ルールに精通している）、この部分ではアマチュア（＝細かなルールまではわからない）』と認識することが大事です。

とくに企業経営では「知らなかった」では済まされないことが多々ありますから、『無知は最大の敵』であり、無知を自覚し、足りない部分は専門家に任せる。そうすることで、経営が健全になります。健全であるということは、マイナス運気を呼び込まない大前提です。

補足するなら、成功の3分の1を担う「運」の部分も、多くの人や経営者はアマチュアのはず。運気を大切にしたいなら、餅は餅屋の論理に則り、専門家の話を聞いたほうがいいでしょうね。

自分の得手「得」不得手「失」を知る

成功の理由の8割は〝その人だから〟

世の中には、多くの自伝・立身出世伝の読み物が出ています。しかもそれが売れています。それはおそらく自分もその人みたいになれたらいいなという気持ちから、「過去の成功者たちは、どんな考え方をしたのか学びたい」とか「困難なとき、どうやって乗り越えたのか知りたい」など、その人の成功秘話から、自分にも応用できる何かを探したいからではないかと推察します。もちろん、それらの本の中には、教訓や戒め、取り入れられるテクニックなど、さまざまなお手本が詰まっているのかもしれません。

でも、運勢学的には『成功の理由の8割は〝その人だから〟である』と考えます。その人のキャラクター、その人のいる位置、その人の考え方、その人の運気など、全てを含めて「その人のように成功するには、その人になるしかない」のです。

そう考えると、成功を目指すときに一番大切なものは何か。

それは『私が何者であるか』を考えることです。自分の価値観、自分の行動、自分が目指す方向、自分の置かれている環境など、すべてをきちんと把握する。もちろん運気も知っておく。「自分を知る」ためのひとつの手段として運勢学があるのです。

「自分を知る」ためには、次の2つの切り口を使います。

1　得意なことと、苦手なこと

2　できることと、できないこと

その他に、「好きなこと、嫌いなこと」というのもありますが、それは別によけておきます。

これはすなわち、自分のトクシツを知ることです。「特質」ではなく『得失』です。得意でありできることについては、さらに腕を磨いていけばいい。でも苦手でできないことについては、自ら必死で勉強するか、専門家の力を借りてフォローすることが必要です。前で述べた、餅は餅屋の論理です。あるいは、それを得意とする人でもいいかもしれません。例えば、「リーダーシップを発揮するのは得意だし自信もあるけれど、緻密な根回しは苦手」という人は、「緻密な根回しが得意」だという人をナンバー2に置けばいい。それを「補完者を置く」といいます。

補完とは、完全であるために足りないものを補うこと。例えば自分の得失をレーダーチャートにして、その凹みの部分が凸になっているレーダーチャートを持つ人を探すのです。その人が自分と同じような価値観を持っているのが理想的ですが、たとえ価値観が違っていても、ベクトルをあわせ、ルールを定め、言葉の統一をはかってしっかりしたコミュニケーションを通して信頼関係を築くことができれば問題はありません。自らの「得失」と相手の「得失」を知ることで、避けられる病貧争乱はたくさんあるのです。当然ここでも前述の『ホウレンソウ（報告・連絡・相談）』と『ネギカンショウゲキ（ねぎらい・感謝・承認・激励と適切なアドバイス）』の交換は忘れずにお願いします。

未知の自分を知る

自分の中の未開の土地を耕し続ける人が勝つ

「己知彼知」＝「己を知り敵を知らば百戦危うからず」

ご存知『孫子の兵法』の中の有名な言葉ですが、はたしてあなたは本当に『己』を知っているのでしょうか。

自分が持っている自分に対するイメージを「自我像」というそうです。この「自我像」が、多くの場合、他人が持っているイメージと相違しています。そこにトラブル『争』と『乱』の芽があります。このギャップは多くの場合、評価への不満や意外性という形で表出してきます。

「自我像」にはいわゆる「自己過信＝うぬぼれ」や「ひけめ＝コンプレックス」の部分も含まれます。しかし、他人から見れば「うぬぼれ」は、単なる思い上がりにすぎず、「コンプレックス」はただの思い過ごしに過ぎないことが多々あります。

ジョハリの窓

	自分自身が知っている	自分自身が知らない
周囲の人が知っている	❶開放の窓 (opem self)	❸盲点の窓 (blind self)
周囲の人が知らない	❷秘密の窓 (hidden self)	❹未知の窓 (unknown self)

心理学で自己分析に際して用いられる考え方に、有名な「ジョハリの窓」という概念があります。これは、１９５５年にアメリカの心理学者ジョセフ・ルフトとハリー・インガムが提唱した「対人関係における気づきのグラフモデル」を、後に「ジョハリの窓」と呼ぶようになったものです。

「ジョハリの窓」は、人間の自己を４つの領域（窓）に分けて説明しようとしたもので、自己には、

①　自分も他人も知っている「開放の窓」(open self)

②　自分は知っているが他人は知らない「秘密の窓」(hidden self)

③　自分は知らず他人だけが知っている「盲点の窓」(blind self)

④ 自分も他人も知らない「未知の窓」（unknown self）

という4つの窓があると考え、各領域の面積は変更可能なものとして、③④の領域を減らして①の領域を増やしていけば、自己開示が進んでいくという考え方です。

この考え方を汎用化させて、自己を「ものごと（情報や自己を含む）」に置き換えてもいいかもしれません。

自分自身というのは、この4つの部分すべてを含めたものです。要するに、あなたが知っている自分というのは自分に関するほんの一部分であり、残りの大半は「他人が知っている」か「まだ誰も知らない」のどちらかであるということになります。

例えば、自分は〝非常によくやっている（つもり）〟なのに、他人からはそう見えないという場合、その人は「自分は理解されない、評価されない」と思っています。こういう人は③の領域が多いといわれ、往々にして〝つもりの自分〟と〝他人から見た自分〟との間にズレやギャップがあります。自他共に認める①領域の部分を評価されれば満足度は高くなります。ゆえに、③の部分が①へと移行すれば満足度は上がっていくでしょう。

そのためには、他人のアドバイスは③の部分かもしれないという意識を持って素直に傾聴することが大切です。なかには的外れなことや、自分にとって不適切な事実であることもありますが、それは相手が求めているものである場合も多いので、とりあえず情報収集のつもりで聞いておく価値はあると思います。その後で、自分が得た情報の要・不要を自分が決めればよいのです。

また、人間関係でトラブルになりやすい人や悩みを抱えやすい人は、「②秘密の窓」や「③盲点の窓」の面積が大きいとされています。したがってこれらの領域の面積を減らし、「①開放の窓」を大きくしていく努力をすることで、自分自身を理解し、自分を知ってもらう「自己開示」が進めば、人間関係のトラブルも減少すると考えることができるわけです。

往々にして人は、自分自身とは「自分が知っている自分」、つまり「①開放の窓」と「②秘密の窓」の自分であると思いがちですが、世の中の評価は①だけでなく、「③盲点の窓」の部分の自分も多く含まれているものだということを知らねばなりません。

そうなると、残るのは「④未知の窓」の領域ですが、運勢学は唯一この部分に光を当てられるプリズムではないかと私は思っています。このプリズムを活用することで、未開の自分の可能性を見つけることができるかもしれません。これは大きな意義があると思います。

もちろん、長い人生を生きてきて、「自分が知らない部分」があると認めにくいかもしれません。とくに経営者などエライ人になればなるほど、自分が知っている①と②の部分しか認めようとはしません。③の部分、すなわち「自分が知らなくて他人は知っている」ことを指摘されると、ムキになって否定します。「あなたにわたしの何がわかる！」「わたしを一番わかっているのはわたし自身だ、余計なことを言うな」と、100％拒否してしまいがちです。

しかし、運勢学を使って未知の自分をのぞき見て、「なーんだ、そんな一面もあるんだ。おやおやそんな一面が隠れていたのか」というくらいに思えたらハッピーではありませんか？　なぜなら「持っているのに今は見えないもの」のことを、『可能性』と言うのですから。

「自分が知らない部分」があることをまず知ることで、可能性の扉が開きます。自己洞察（自己への気づき）は人間関係を良好にするための有効な手段なのですから、良きにつけ悪しきにつけ、自分の知らない自分も存在するということを知るべきです。

神様は完璧な存在ですが、人間は不完全な存在、言い換えれば必ず欠点を有し失敗する存在です。ですから、欠点があるのも失敗するのも人間である限り当然のことなのです。しかし、その欠点や失敗に気づこうとしないのは立派に罪です。知ること、自覚することで初めて対応・対策が取れるのですから。まさに「傾向を知り対策を練りそして努力し実行する」。とくに③の「自分は知らなくて他人が知っていること」を知ることで、これまでの勘違いが是正され、人間関係もうまくいくようになるでしょう。

未知の自分を開拓する……その勇気を持てば、さらなる飛躍につながります。何よりもまず、『自分にはまだこんなに未開の地があったんだ』という喜びが、プラスの運を招くのです。

その方法のひとつとして、未知の自分に光を当てる運勢学を使っていただきたいと思います。

第三章

「暦」活用術
吉凶の流れを知る

暦とは?

暦の始まりは農耕にあり

暦はいつからあったのか、正確にはわかっていません。太古の昔から、人々は自然とともに生活するうちに、あたたかくなると草木が芽生えはじめ、寒くなると動物や虫たちが活動をひかえるようになることに気づいていたでしょう。農耕がはじまる頃には、種まきや田植え、収穫の時期などを意識するようになりました。そして季節の変化と太陽や星、月の動きに一定の法則があることを発見し、農作業の時期と結びつけるようになった……これが暦の始まりです。

今から5000年以上も昔、古代エジプトでは、おおいぬ座のシリウスというとても明るい星が、人々に暦のつくり方を教えたといわれています。古代エジプトでは国を貫いて流れる大河、ナイル河が1年に一度、決まった時期に洪水を起こすことが知られていました。ナイル河の洪水が上流から肥えた土を運んできてくれるため、農業をおこなううえでも洪水の時期を知ることはとても重要なことだったのです。

そこで古代エジプトの天文学者は、「星の動きで季節を知ろう」と試みました。やがて、日の出直前の東の空にシリウスがあらわれる時期が、洪水の時期と一致することに気づきました。さらにシリウスが再び同じ位置に姿を見せるまで、ほぼ365日であることを知ったのです。これが1年、つまり「太陽が地球をひとまわりする期間」の発見です。また同じような時期にバビロニアや中国といった農業がさかんな国でも、季節を知るために独自の暦づくりがはじまりました。

こうして誕生した暦は、大きくわけて「太陰暦」「太陰太陽暦」「太陽暦」という3種類。現在、世界でもっとも広く使われており、日本で採用しているのが「太陽暦」、わたしたちが「新暦」と呼んでいる暦です。一方、「旧暦」と呼んでいる暦は「太陰太陽暦」。明治5（1872）年まで日本の正式な暦として使われていました。旧暦・新暦の呼び名は単純に、古い暦だから「旧暦」、新しく採用された暦だから「新暦」、というわけです。

でも、そもそも旧暦と新暦とはどう違うのでしょうか？　なぜ、暦は変わったのでしょうか？　ナゾを解くためにも3つの暦の秘密をひも解いてみましょう！

「太陰歴」の基準は月にあり

月のかたちで日にちを数える

最初に生まれた暦は「太陰暦」だったと考えられています。太陰暦とは、月のかたちを見て日にちを数える暦のこと。「太陰」とは「太陽」に対する言葉で「月」のことを指します。月が新月から次の新月になるまでの期間を「1か月」として、このサイクルを12回くり返して「1年」と考えました。月が地球をひとまわりするのに、約29日半かかります。だから、太陰暦では、29日の1か月と30日の1か月を交互にくり返しながら、合計12回を1年（つまり約354日）としていました。

太陰歴では「新月」が1か月のスタートと考えます。夜空に月のない（見えない）新月の日が1日。次の日が「二日月」、3日目が「三日月」……と数えていき、約15日目には「満月（十五夜）」を迎えます。月の満ち欠けに合わせて日付が決まっているため、月を見れば今日が何日なのかがだいたいわかるのです。

月の満ち欠け

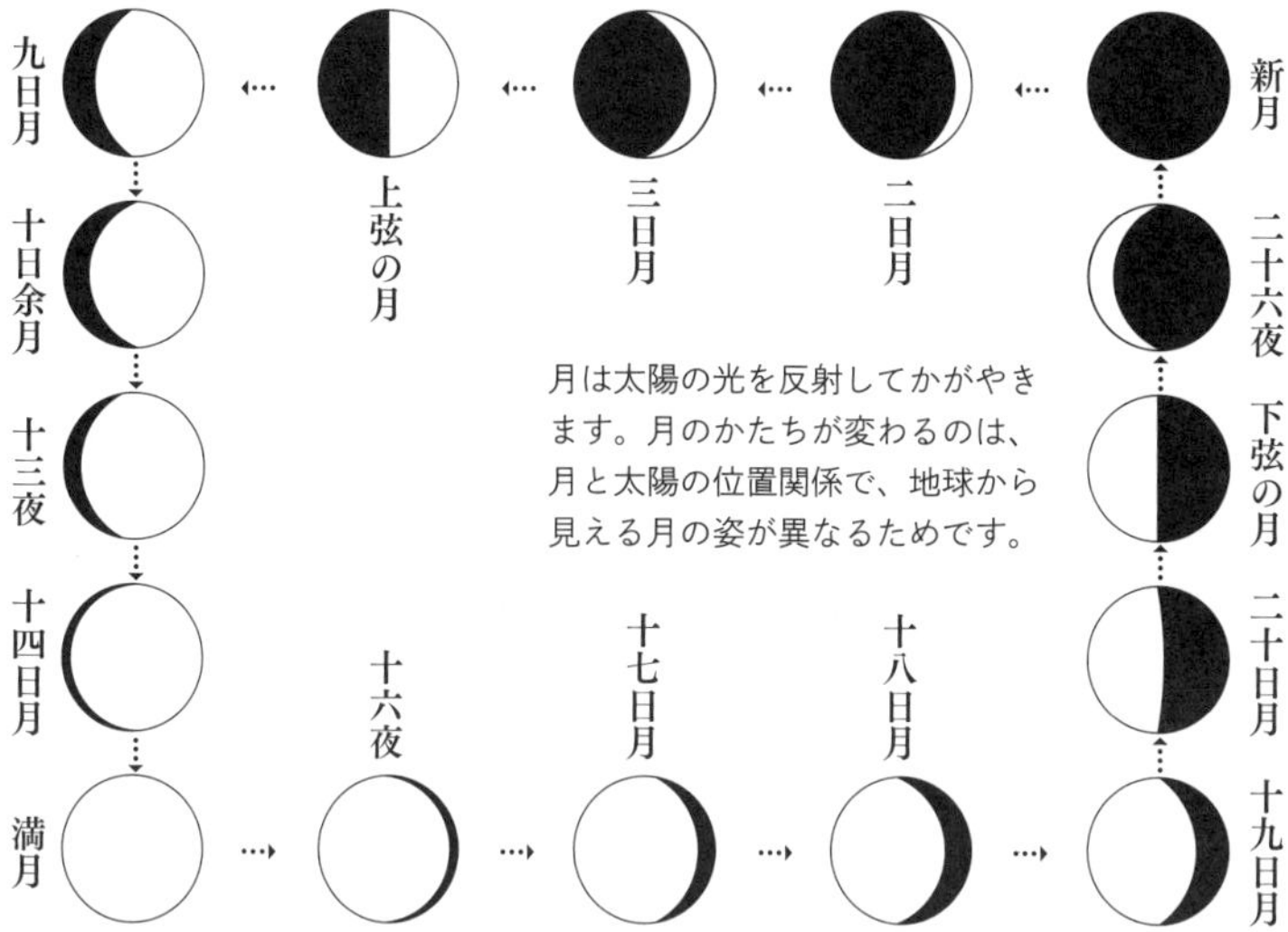

月は太陽の光を反射してかがやきます。月のかたちが変わるのは、月と太陽の位置関係で、地球から見える月の姿が異なるためです。

太陰暦が不便なわけ

ところが太陰暦の1年は約354日。地球が太陽のまわりをひとまわりする時間を1年とする現在の暦に比べて、11日足りません。「地球の公転周期＝1年」なので、約365日より11日、暦が短くなってしまうのです。

するとどんな問題が生じるかというと、太陰暦を使い続けると季節と暦がすこしずつズレていきます。1年で11日、2年で22日、3年で約1か月、9年で3か月……。

放置し続けると「暦は12月なのに夏が来た!?」なんてことに。潮汐を知るのが重要な海の民はともかく、季節の巡りを知りたい陸の民にとっては、暦と季節がズレてしまっては不便です。

いわゆる「旧暦」は「太陰太陽暦」のこと

季節のズレを調整した太陰太陽暦

このように月の満ち欠けをもとにした太陰暦では、季節と暦がズレてしまい、農耕をおこなう人々にとっては、使いづらい暦でした。そこで暦の日付と季節を合わせるために工夫されたものが「太陰太陽暦」。日本でいう「旧暦」です。中国では今でも、この太陰太陽暦（農暦）を併用しています。

太陰太陽暦では、基本的には太陰暦と同様に1か月の長さを「月の満ち欠け」で数えます。しかし1年の長さを太陽の動き、つまり「地球が太陽をひとまわりする期間」で決めるところが大きく異なっています。太陰暦での1年は約354日。一方、地球が太陽をひとまわりするのに約365日。年間11日の誤差をうめるため、およそ19年に7回（およそ3年に1回程度）の割合で「閏月（うるうづき）」を入れて、1年を13か月としたのです。しかし、うるう月を入れる時期は年によってまちまちで、複雑な暦でもありました。

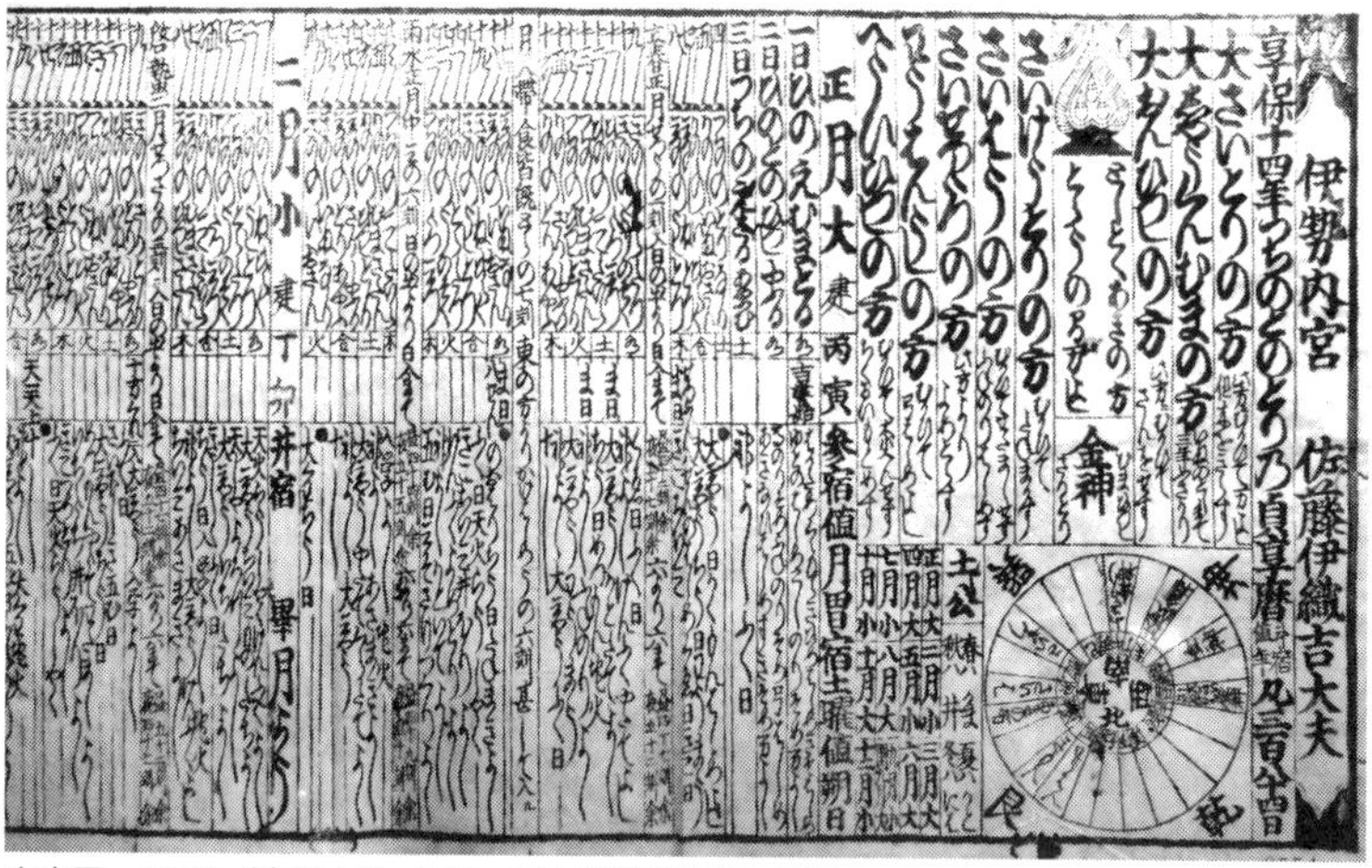

貞享暦。1729（享保 14）年版。国立科学博物館の展示。

1200年以上使われてきた暦

こうして暦の日付と季節のズレを調整した太陰太陽暦は、6世紀頃に中国から伝わってから、日本では1872（明治5）年まで正式に使われていました（その後も庶民の間には旧暦として残りました）。

明治になって西欧との国交がさかんになり、日付が違う諸外国を相手にいろいろと不都合が生じてしまったため、新暦を導入することになったのです。しかし、日本が旧暦と歩んできた歴史はざっと1200年以上。日本の伝統行事や慣習が、現在使っている新暦の季節とズレていると感じるのも、そのほとんどが旧暦時代につくられたものだからです。

新暦とは「太陽暦」のこと

太陽の動きに合わせた暦

今、わたしたちが使っている「新暦」の正体が「太陽暦」です。地球が太陽をひとまわりする期間（およそ３６５日）を「1年」と数えて、月の満ち欠けは完全に無視して12か月に日付を振り分けたものです。1年を12か月とするのは、月の満ち欠けで日数を数えていた太陰太陽暦のなごりだといわれています。

太陽暦のはじまりは前述のように、古代エジプトでシリウスという星を観察してわかりました。古代エジプトの天文学者は天をじっと観察し、「1年＝３６５日」という単位が生まれました。そして太陽暦を正式に採用したのは紀元前45年。当時のローマ帝国の英雄、ユリウス・カエサル（ジュリアス・シーザー）が「ユリウス暦」を作りました。現在の太陽暦は、ユリウス暦を少し改良した「グレゴリオ暦」。１５８２年、ローマ法王グレゴリオ13世によって制定されたのです。

☾ 地球から見た太陽の動き

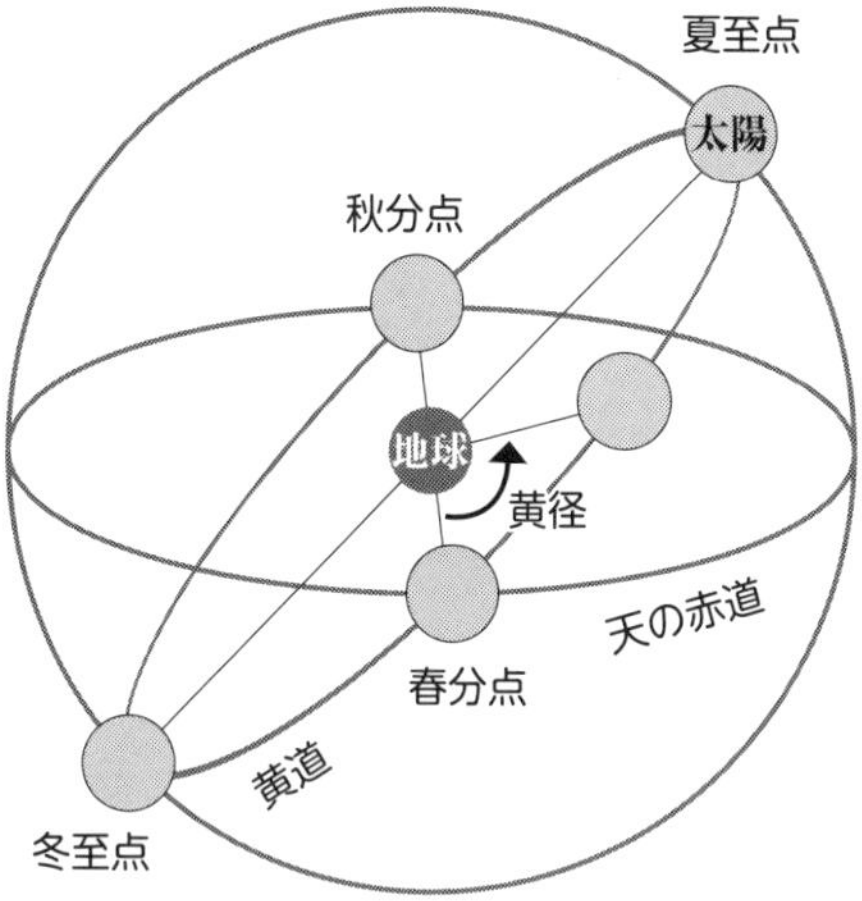

地球から見て太陽が天を一周する道筋を「黄道」と呼びます。天の赤道に対して地球が少し傾いているため、太陽と地球の間にさまざまな角度が生じて季節が生まれます。

うるう年があるのはなぜ？

太陽暦も、季節と暦を完璧に合わせるためには多少の調整が必要でした。実は地球が太陽を1周する周期（太陽年）は、正しくは365日と5時間48分46秒。1年365日の計算では、約6時間のズレが生じ、4年で約24時間、1日分のズレが生じます。

そこで太陽暦に「うるう年」をもうけ、4年に一度、2月に1日増やして366日とします。それでもわずかなズレは残るので、100年に一度はうるう年を入れず（ただし西暦を400で割り切れる年はうるう年にして）、日付を調整しているのです。

このグレゴリオ暦のルールによって、限りなく太陽年に近いカレンダーになったのです。

季節の区切り「二十四節気」

1年の長さを24等分

太陰暦、太陰太陽暦、太陽暦と3種類の暦を見てきましたが、もうひとつ「二十四節気」による季節の区切りも見逃せません。二十四節気とは、地球が太陽のまわりをまわる動きにあわせて、1年の長さを24等分したものです。まず冬至と夏至、次に春分と秋分、立春・立夏・立秋・立冬……と「二至二分四立」にわけ、さらにそれぞれの期間を3つにわけて1年の長さを24分割します。四季をそれぞれ6つの節気にわけ、各々の風物詩に合ったみやびな名前をつけて、生き物や天候の様子をあらわすのです。なお、二十四節気では2月4日頃の「立春」を「春」のはじまりと定義します。そのため、季節上の季節感覚とは1か月ほどズレが生じます。

なぜ季節を24等分する方法が必要だったのでしょうか？　二十四節気は古代中国で考えられたもので、月の運行による太陰暦では暦と季節の間に大きなズレが生じるため、太陽

☾ 二十四節気のわけ方

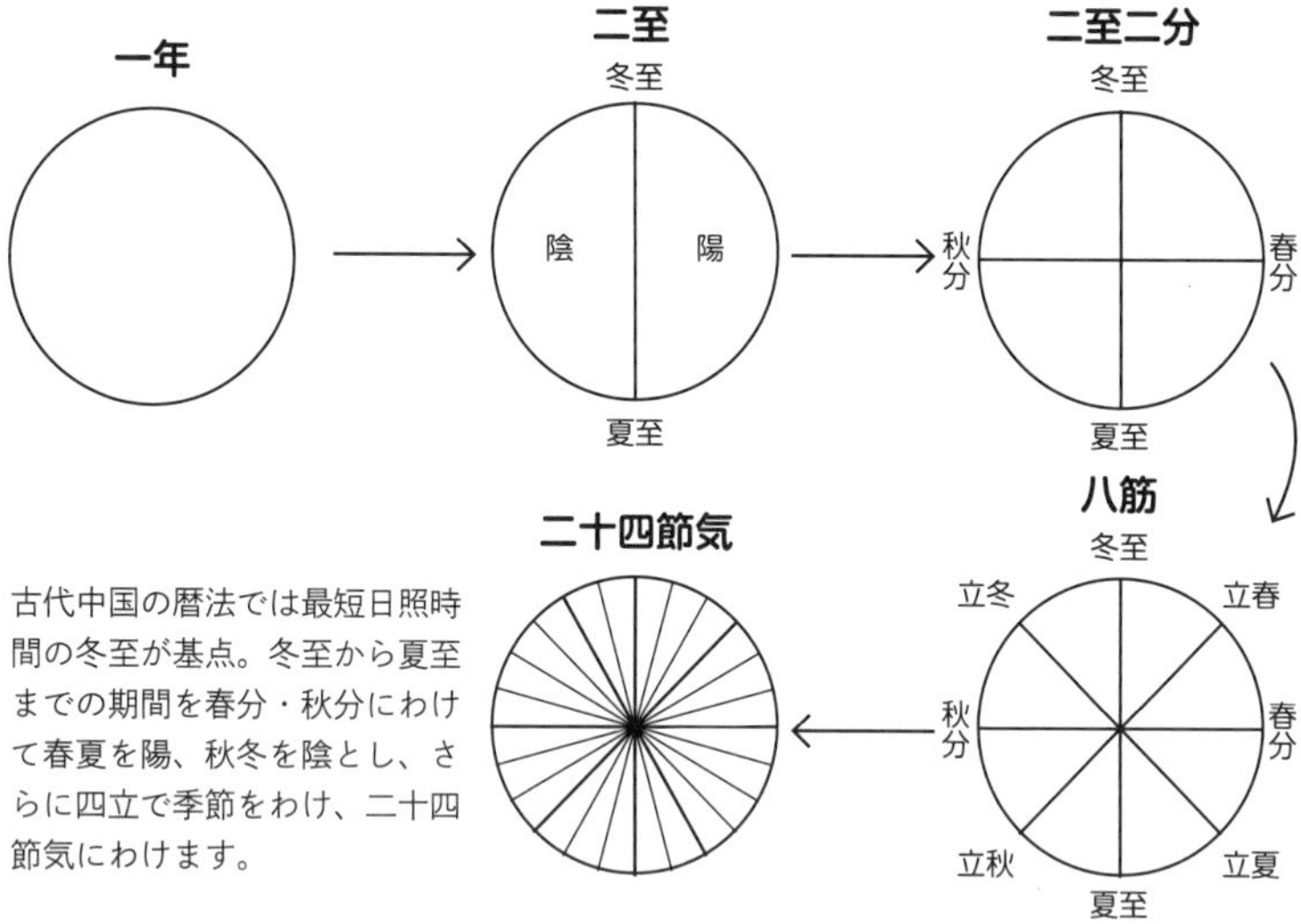

古代中国の暦法では最短日照時間の冬至が基点。冬至から夏至までの期間を春分・秋分にわけて春夏を陽、秋冬を陰とし、さらに四立で季節をわけ、二十四節気にわけます。

の運行を知る要素を取り入れたのです。太陰太陽暦（旧暦）の各月の日付を決める「ツール」でもあり、うるう月は二十四節気によって導きだされます。

ところで季節を24にわける方法は2種類あります。ひとつは太陽の「角度（視黄経）」によって割りふる方法。もうひとつは均等な「日数」で割りつける方法です。現在、日本でつくられている旧暦カレンダーは前者を採用していて、黄道（太陽が1年かけて空を横切る道筋）を15度ずつ24等分することで、二十四節気の名前を決めていきます。科学が発達した今では国立天文台の観測結果をもとに、その年の二十四節気の日付が決まります。春分や夏至などに二至二分四立の日付が年によって変化するのは、このためです。

二十四節気と新暦の季節

月	1月	2月	3月	4月	5月	6月
新暦	冬		春			夏
二十四節気の四季	冬	春			夏	
	1/5頃	2/4頃	3/5頃	4/4頃	5/5頃	6/5頃
	小寒	立春	啓蟄	清明	立夏	芒種
	寒中見舞いが出される時期です。厳しい寒さが続きます	立春から立夏の前日までが春。旧暦では1年のはじまり。	冬ごもりしていた虫が地中から出てきます。春雷が激しく鳴る頃。	花が咲き誇り、空は青く澄みわたる頃。だんだん暖かくなります。	立夏から立秋の前日までが夏。野山に新緑が目立つ頃です。	稲を植える季節の意味。梅雨入り前で梅の実が黄ばむ頃です。
	1/20頃	2/18頃	3/21頃	4/20頃	5/21頃	6/21頃
	大寒	雨水	春分	穀雨	小満	夏至
	1年でもっとも寒い頃。いろいろな寒稽古がおこなわれます。	雪が解けはじめる頃。春一番が吹き、草木の芽が吹きます。	太陽が真東から真西に沈む日。以降、昼の時間が長くなります。	春雨が降る日が多くなり、田畑の穀物などの農作物がうるおう頃。	暖かくなり、野山の植物がしげる頃。この頃から梅雨となることも。	1年でもっとも昼が長く、夜が短い日。田植えに忙しく、梅雨は本番。

12月	11月	10月	9月	8月	7月
冬	秋				
冬		秋			
12/7 頃	11/7 頃	10/8 頃	9/7 頃	8/7 頃	7/7 頃
大雪	立冬	寒露	白露	立秋	小暑
北風が強まり、雪が降りだす頃。日本海側では大雪になることも。	立冬から立春の前日までが冬。北国では初雪も見られる時期です。	秋が深まり、山の木が紅葉する頃。穀物の収穫に忙しい時期。	野原に露がつく頃。秋の気配を感じはじめます。肌寒い風が吹きます。	立秋から立冬の前日までが秋。残暑見舞いを出す時期です。	暑中見舞いが出される時期。本格的な暑さがはじまります。
12/22 頃	11/22 頃	10/23 頃	9/23 頃	8/23 頃	7/23 頃
冬至	小雪	霜降	秋分	処暑	大暑
1年でもっとも夜が長く昼が短い日。日本列島を冬将軍が襲います。	北風が葉を吹き飛ばす頃。本格的な冬が迫っていることを感じます。	晩秋となり、早朝に霜が降りる頃。楓やつたが紅葉しはじめます。	昼と夜の長さがほぼ同じ日。以降、夜の時間が長くなります。	まだ暑さが残っています。台風来襲が多くなる頃でもあります。	1年でもっとも暑く、ときどき大雨が降ります。夏の土用はこの頃。

「十二支」と「十干」

十二支は中国から伝わった

その年や自分の生まれ年を12種類の動物になぞらえたものを「十二支」といいます。「子・丑・寅・卯・辰・巳・午・未・申・酉・戌・亥」の12種類。「今年は巳年」「わたしは申年生まれ」と年を十二支であらわしたり、年賀状にはその年の動物や漢字を描いたりするなど、わたしたちにとってもなじみ深いものです。

そもそも、この十二支は、古代中国の殷の時代に考えられたといわれています。今では年に当てはめて使うことが多いですが、もとは月の順番を示すために使われていました。その後、覚えやすいように動物が当てはめられ、さまざまな行事や暦とともに日本に伝わったのです。

実は、十二支は年だけでなく、月や日付、時刻もあらわすためにも使われていました。たとえば時刻では、わたしたちは昼の12時を別名「正午」と呼びます。昔は11時～13時を

時刻や方位を表す十二支

（下図は運勢方位盤と同様、南（午）を上に表示しています）

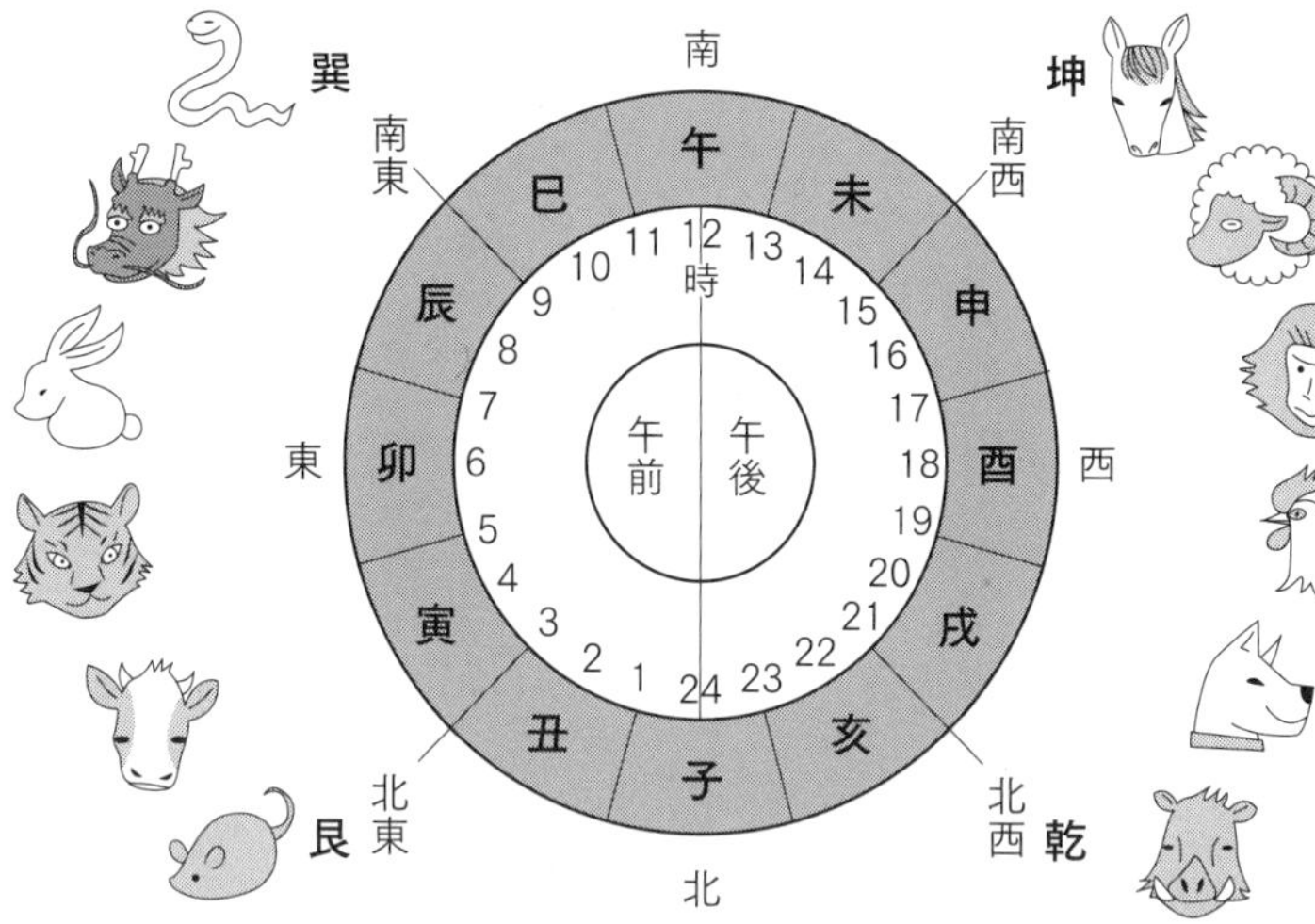

十二支に当てはめて「午の刻」と呼んでいて、12時ちょうどは午の刻の真ん中だから「正午」でした。だから午の刻よりも前の時間を「午前」、あとの時間を「午後」と呼んでいるのです。

十二支は方位もあらわす

さらに十二支は、方位（方角）を示す言葉としても使われていました。「子」を北に置いて時計まわりに12等分し、「卯」が東、「午」が南……と当てはめていきます。そして北東を「艮（ごん）」（丑と寅の間）、南東を「巽（そん）」（辰と巳の間）、南西を「坤（こん）」（未と申の間）、北西を「乾（けん）」（戌と亥の間）と呼びました。地球の北と南を結ぶ経線（けいせん）を「子午線（しごせん）」と呼ぶのも、ここからきているのです。

「干支」は十干と十二支の組み合わせを指す言葉

十二支は一般に「えと」とも呼ばれますが、正確にいうと違います。「干支(かんし)」というのは、中国から伝わった「十干」に、十二支を組み合わせてつくられた暦法上の用語です。十干とは「甲(こう)・乙(おつ)・丙(へい)・丁(てい)・戊(ぼ)・己(き)・庚(こう)・辛(しん)・壬(じん)・癸(き)」の十種類で、十二支と同じく古代中国の殷の時代につくられたといわれています。日本でも戦前くらいまでは、学校の成績表や項目を分類するのに使われていました。もともとは日にちをあらわし、甲から癸までの10日間をひとまとめにして旬といいます。古代中国の周の時代に十二支と組み合わされて「十干十二支（＝干支）」となりました。

10通りの十干と12通りの十二支を「甲子(きのえね)」「乙丑(きのとのうし)」「丙寅(ひのえとら)」……のように順番に組み合わせていくと、最小公倍数の60でひとまわりします。これを年や日にちに当てはめ、「癸(みずのと)巳(み)の年」「丁酉(ひのとのとら)の日」のように、年や日の呼び名に使ったのです。例えば甲子園球場は「甲子」の年に建てられたため「甲子園」と名づけられたのです。また満60歳を「還暦」と呼ぶのも、生まれた年の干支が一巡して再び巡ってくる年「暦（＝十干）が還る（＝戻る）」だからです。

「五行」配当表

五行	木	火	土	金	水
季節	春	夏	土用	秋	冬
色	青	赤	黄	白	黒
方角	東	南	中央	西	北
神	青龍	朱雀	黄龍	白虎	玄武
惑星	木星	火星	土星	金星	水星

「干支」は古代中国の哲学「陰陽五行説」から生まれた

十干には古代中国の哲学思想「陰陽五行説」により、陰陽と五行が配当されています。陰陽五行説とは、万物は五行（木・火・土・金・水）でできていて、さらにそれぞれ陽（兄）と陰（弟）にわかれるという考え方です。

この思想を十干に当てはめて「甲（木の兄）」「乙（木の弟）」「丙（火の兄）」「丁（火の弟）」「戊（土の兄）」「己（土の弟）」「庚（金の兄）」「辛（金の弟）」「壬（水の兄）」「癸（水の弟）」と呼ばれるようになりました。つまり「えと」とは本来十干の陰陽を表す兄弟（えと）のことです（十二支も陰陽に変換すると陽陰陽陰……と並んでいるのでエトといえなくはないですが……）。

日本の暦の歴史

暦は仏教とともに伝えられた

暦のしくみを一気に見てきましたが、では日本で暦が導入されたのはいつ頃なのでしょうか？　日本で行われてきた暦づくりの物語をひも解いてみましょう。

最初に中国から日本に暦が公伝したのは、仏教伝来の頃といわれています。『日本書記』によると、５５４年に百済から「暦博士」がやってきて、日本人に暦の知識を伝授しました。そして日本で正式に暦が施行されたのは、６９２年に持統天皇が頒布した「元嘉暦」だといわれています。このときの暦は「太陰太陽暦（旧暦）」で、現在の「太陽暦（新暦）」になるまで９回の改暦がおこなわれました。暦が何度も改められたのは、長年使用し続けるうちに、少しずつ天文学的事象と暦がズレていってしまったからです。特に当時、不吉の前兆とされていた「日食」の予報を正しくおこなうため、より正確な暦になるよう改められました。

日本の暦の歴史

年	時代	出来事
553	古墳	「日本書記」に「暦」の文字が初出
554	古墳	百済の暦博士が暦本をもたらす
692	飛鳥	元嘉暦を施行（持統天皇6年）
697	飛鳥	儀鳳暦を施行（文武天皇元年）
764	奈良	大衍暦を施行（天安2年）
862	平安	宣明暦を施行（貞観4年）
1685	江戸	貞享暦を施行（貞享2年）
1755	江戸	宝暦暦を施行（宝暦5年）
1798	江戸	寛政暦を施行（寛政10年）
1844	江戸	天保暦を施行（弘化元年）
1873	明治	太陽暦（ユリウス暦）を施行（明治6年）
1898	明治	置閏法をグレゴリオ暦に合わせる（明治31年）

日本独自の暦法「貞享（じょうきょう）暦」

平安時代の宣明（せんみょう）暦までは中国の暦法をもとにしていたため、中国と日本の間に時差があり、暦に誤差が生じていました。そこで1684年、江戸時代の天文暦学者・渋川春海は、中国との時差を考慮した「大和暦」を編纂し、これが翌年「貞享暦」として正式に採用されたのです。貞享暦は、はじめてつくられた日本独自の暦法として大きく注目を浴びました。

その後も江戸時代にあと3回の改暦が行われます。最後の天保暦になると、西洋天文学の暦法を参考にしたため、かなり精密な太陰太陽暦をつくることに成功しました。人々は二十四節気や七十二候を使って季節を知り、毎年の農作業の目標としていたました。

明治政府はなぜ太陰太陽暦から改暦したのか?

さて明治維新以降、太陽暦を使う欧米の国々との国交が開けて貿易がさかんになると、日本で使っている太陰太陽暦は非常に不便なものになっていきました。交渉事や会議のたびに、日本と欧米両方の日付が必要になってきますし、休日は年度の違いからトラブルが絶えなかったからです。そこで、明治政府の間でも改暦の機運がたかまっていきましたが、問題は「いつ暦を改変するか?」です。

なぜ日本の改暦を明治5年12月3日と定めて、この日を太陽暦の明治6年1月1日とすることにしたのでしょうか? すでに明治6年の暦が印刷され、10月初旬から全国で発売されていたにもかかわらず……。それでも太陽暦への改暦計画が、政府幹部の間で秘密裏に、すばやく進められていたのです。

実はこれ、明治政府の財政問題が原因だったと、後に大隈重信が『大隈伯昔日譚』の中で告白しています。その当時、明治政府の財政は新たな日本制度づくりのために、まさに火の車。そこへもって、政府に献上された明治6年の暦を見た大隈は、ぎょっとしました。

「うるう月があるじゃないか!」

太陰太陽暦の明治6年は、13か月となるうるう年。当時はすでに月給制を採用していましたから、このまま来年を迎えると13回も役人たちに月給を支払わなければならなくなってしまう……、しかもお雇い外人は超高給でした。そこでこの際、来年から太陽暦にしてしまえば、今度はうるう年の心配がなくなる。おまけに12月3日を1月1日にすれば12月分の月給も消え、実質2か月分の役人の給料をカットできる。……こうして明治の要人だけで極秘裏に準備が進められ、明治5年12月3日、日本の暦は大きく変わったのでした。明治政府の財政問題を解決するにはこれしかなかったとはいえ、一部にしか知られていなかったこの電撃発表のおかげで、庶民や役人たちは大迷惑をこうむったとか……。

江戸時代は季節によって昼の長さが変わった……

こうして明治の改暦は行われ、日本で正式に太陽暦が採用されました。ただ、前述したとおりの大慌てでの施行だったため、明治の改暦では、今の太陽暦とは置閏法（うるう年の計算方法）が異なる「ユリウス暦」がもとになっていました。その後、明治31（1898）年に改めてうるう年を見直し、「グレゴリオ暦（今使っている新暦）」が正式に採用されたのです。

実は改暦といっしょに、時刻の数え方も変わりました。江戸時代までつかっていたのは「不定時法」と呼ばれる時間のはかり方です。不定時法とは、1日を昼と夜でそれぞれ6

江戸時代の夏時間と冬時間

(下図は運勢方位盤と同様、南（午）を上に表示しています)

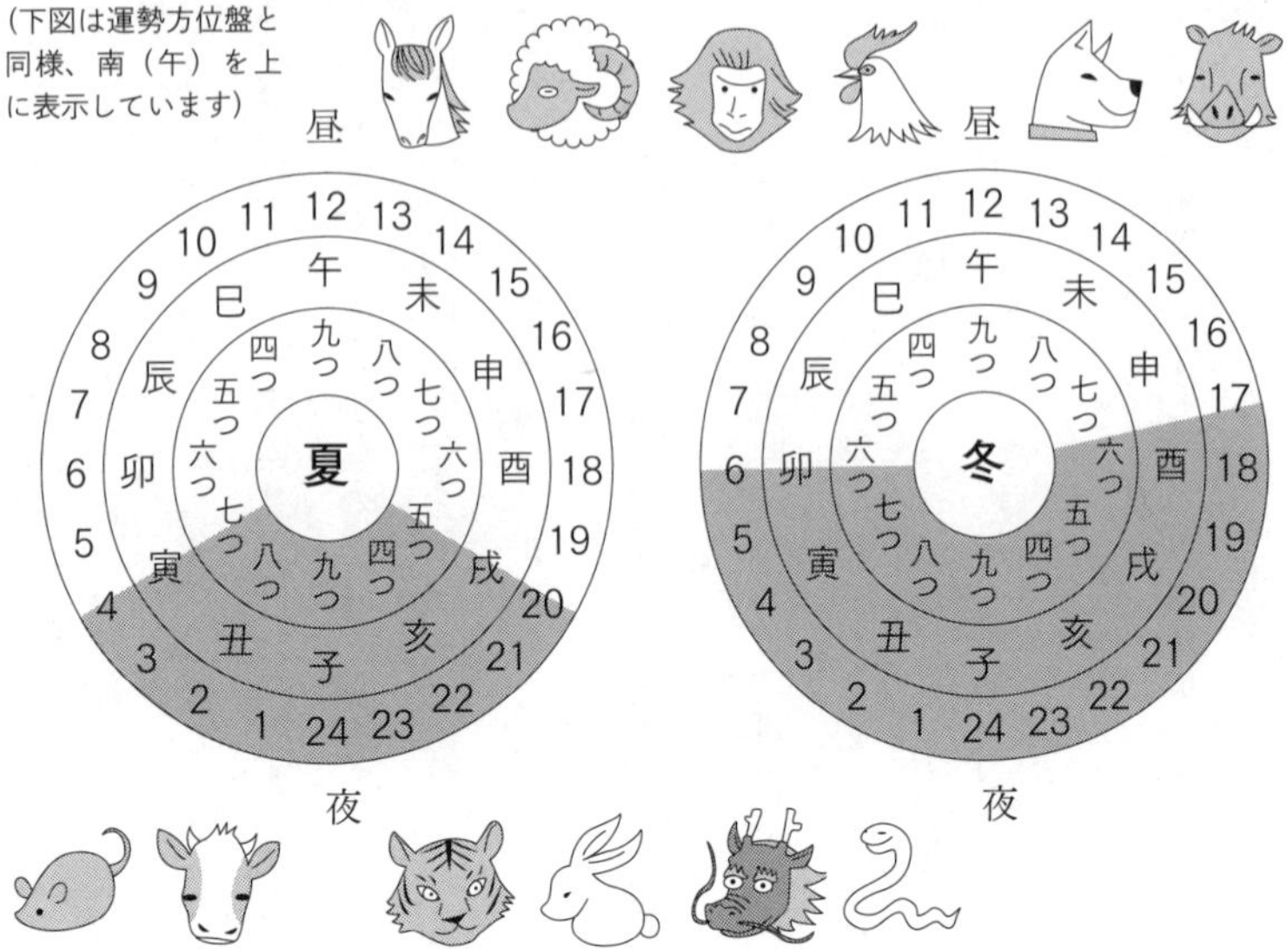

等分して、日の出や日の入を基準にして時刻を振り分ける方法。

夜明けを「明け六つ」、日暮れを「暮れ六つ」と呼び、その真ん中を「正午」と定めていました。6等分したひとつを「一刻（いっこく）」と呼び、昼夜合わせて十二刻なので、今の時間に換算すれば、一刻はおおまかにいえば約2時間に当たります。一刻ごとに決まった数だけ鐘を打ち鳴らして時刻を知らせていたので、「昼九つ」のように鐘の数で時刻をあらわしたりしていました。

ちなみに鐘の数は、当時縁起がいいとされていた奇数の「九」から「子の刻」がはじまって、一刻ごとにひとつずつ減っていき、「午の刻」で再び「九」に戻ります。

今でも、午後のブレイクタイムを「おや

つ」と呼ぶのも、もともとは不定時法の呼び名「八つ時（＝午後2時頃）」からきているのです。

また昼夜の長さは、季節によって違います。不定時法は日の出や日の入を基準に時刻を決めるので、上の図のように夏の昼は長く、冬の夜は長くなりました。江戸の人々は現代でいう「サマータイム」を導入していたわけです。しかし不定時法は、地域によっても時刻に差が生じてしまうため、いろいろと不都合が生じていました。そのため改暦に合わせて今の定時法（季節や昼夜に関係なく、1日の時間を24等分にして時刻をあらわす方法）に変更されたのです。

年中行事は旧暦時代に伝えられた

季節の変化を知るためだった年中行事

これまでみてきたとおり旧暦と呼ばれる太陰太陽暦は、月の満ち欠けで日数を数え、1年に満たない日付をうるう月でカバーするものでした。でも、それはあくまで天文学上の話。農耕をいとなむ人々にとっては、「1年や1か月が何日?」という問題よりも、種まきや刈取りの時期、つまり毎年めぐってくる季節を正確に把握することのほうがよほど大切でした。

そこで古代中国の人々は、季節の変化を知るために四季の節目となる日を決めたり、さまざまな季節ごとの年中行事を考えたりしました。それが二十四節気や節句、一部の雑節などです。1年の長さを24等分して、区切りとなる日に各々名前をつけたものが「二十四節気」。節日という季節の変わり目に、神様にお祈りを捧げたものが「節句」。おもに農作業に照らしあわせて、季節の移り変わりを示す特別な日として設けられたのが「雑節」です。

今、日本人の生活にしっかりと根づいている節分やひな祭り、七夕などの年中行事は、ほとんどが古代中国から旧暦時代に伝えられたものです。もちろん、旧暦を基準につくられた季節の区分や伝統行事なので、旧暦時代の季節感と暦の行事は、おおむね合っていました。

ところが明治時代になって、日本は旧暦から新暦へと暦を変えました。そのため、暦の日付と年中行事の季節感が違ってしまったのです。たとえば「桃の節句」の「ひな祭り」といえば3月3日で、「桃の花」のイメージがあります。ところが今の季節で桃の花が咲くのは3月下旬ごろ。まだ時期的に早すぎるのに3月3日が「桃の節句」と呼ばれるのは、旧暦の3月3日ではすでに桃の花が咲いていたからです。

このように、旧暦と新暦の日付にはだいたい1か月ほどのずれがあります。そのため「新暦の日付でおこなうか?」「旧暦のままおこなうか」……。そこで困った当時の人が発明したのが「月遅れ」というやり方です。そして新暦・旧暦・月遅れという3つの考え方をもとに、それぞれの行事をおこなう日付や時期を見直すことになりました。

現在、カレンダーに記載されている年中行事は、これらの日付が入り交じって設定されています。そのため実際の季節と合っている行事もあれば、少しずれている行事もあり、日本人の季節感がますます混乱してしまうのです。

行事の変更日

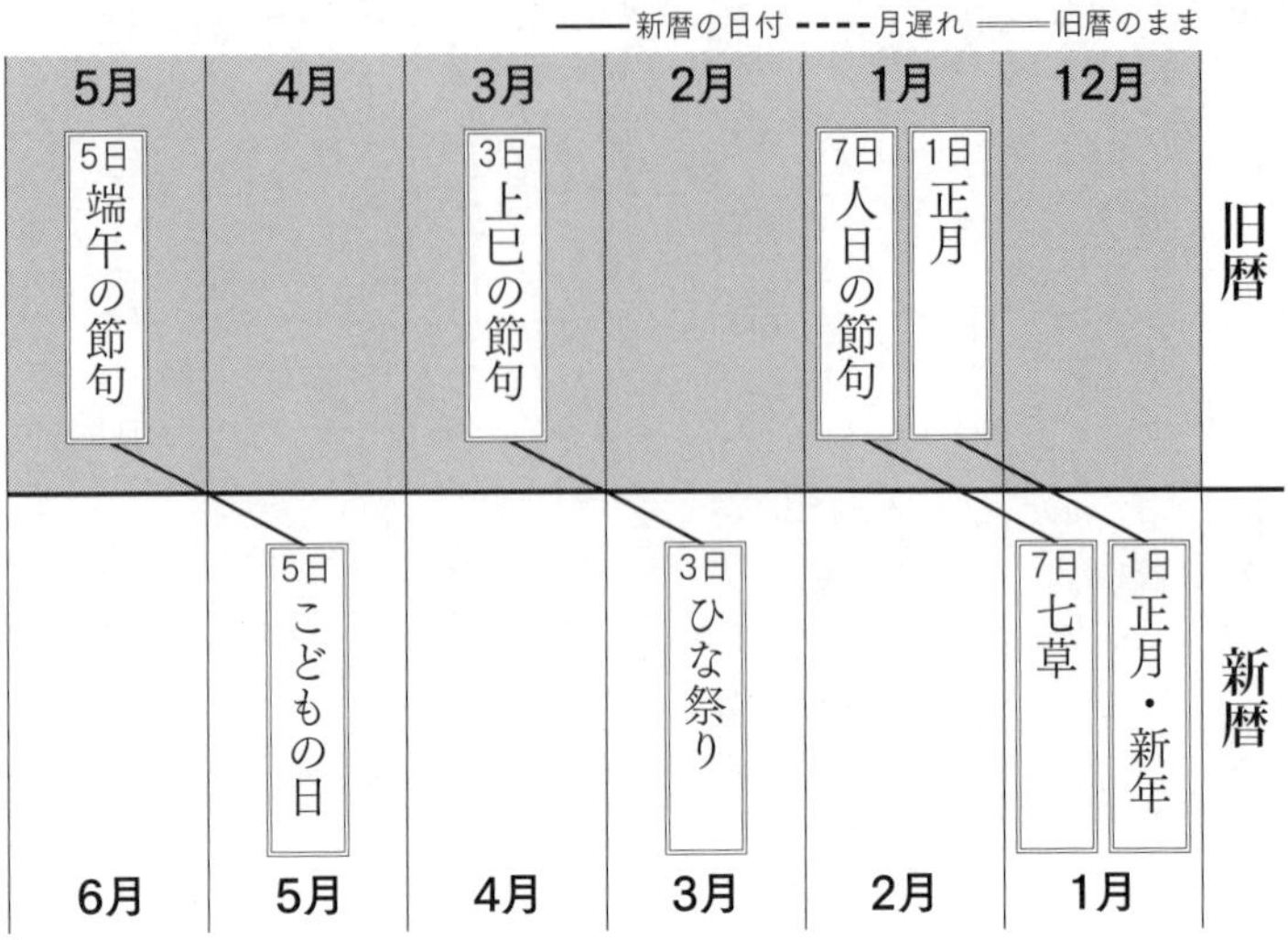

新暦の日付でおこなう行事

日付そのものに意味がある行事は、旧暦の日付をそのまま新暦にもってきました。たとえば3月3日のひな祭りや、5月5日の端午の節句など。でも新暦の3月3日は桃の花はありませんし、5月5日は柏餅の柏の新葉がでるには早いです。こうして旧暦の日付を新暦に移したことで、実際の季節と本来の行事が、約1か月ずれてしまいました。

月遅れでおこなう行事

旧暦と新暦の季節感のずれを調整するために工夫されたのが「月遅れ」という考え方。たとえばお盆は、都心では新暦の7月15日ですが、多くの地域は1か月遅れの8月半ば。

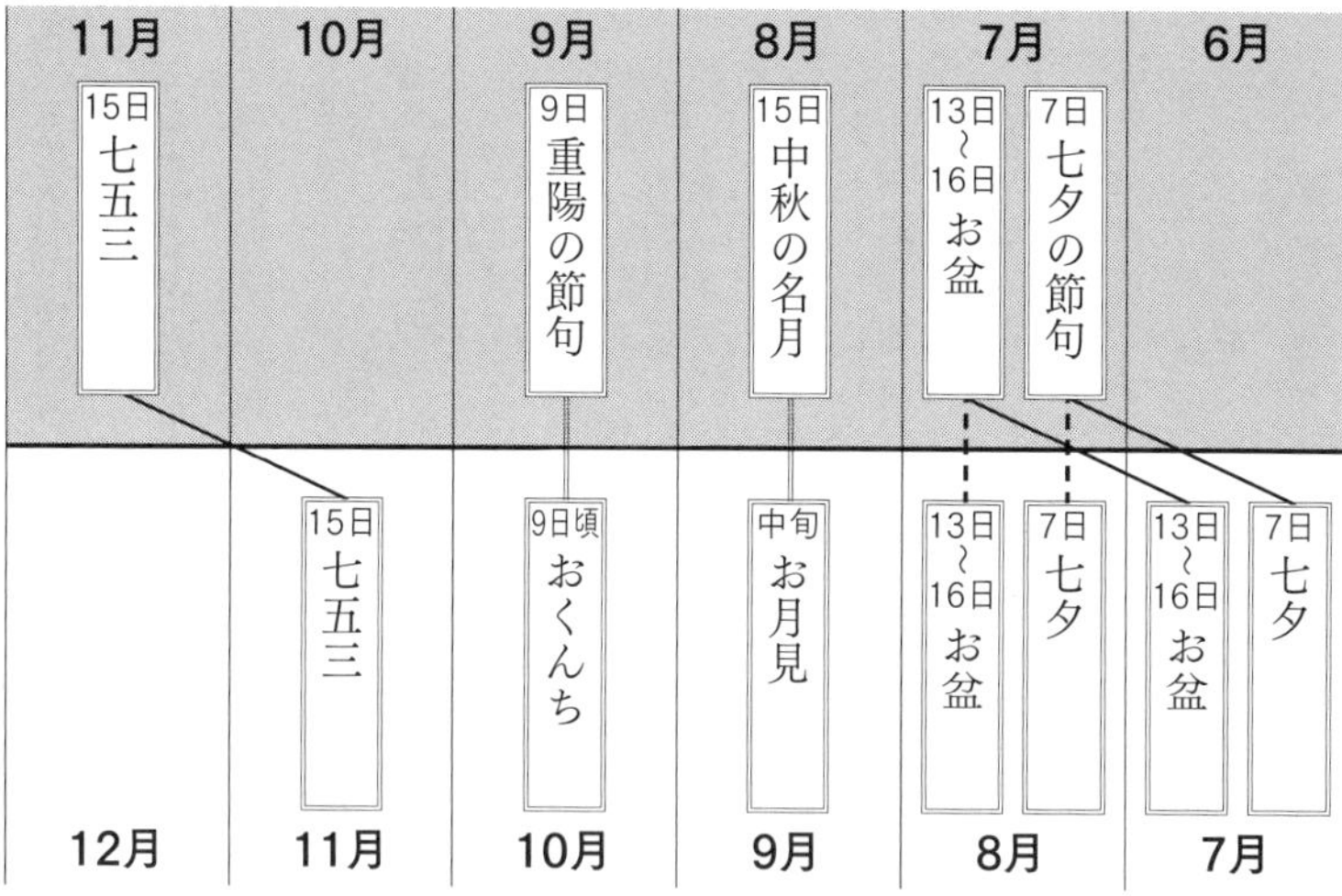

また七夕は本来、旧暦の7月7日ですが、新暦では梅雨の時期。肝心の天の川が見られないため、8月7日にずらして祝う地域もあります。このように日付を単純に1か月遅らせることで旧暦に近くなり、季節をそこなわずにすむというメリットがあるのです。

旧暦のままおこなう行事

「十五夜」は毎年、日付が変わります。中秋の名月は旧暦なら8月15日、新暦なら9月中旬～下旬頃。満月が見られないと意味がないため、毎年旧暦の日付をもとにしています。

旧暦を尊重している地域や国として、例えば沖縄では旧暦の日付でほとんどの年中行事をおこないますし、中国では新暦より旧暦の正月（春節）をにぎやかに祝っています。

「五節句」とは？

「五節句」と日本文化の深い関わり

「節句」は、もともと「節供」と書きます。中国ではじまった祭事で、節日という季節の変わり目に神様にお供え物をしてお祈りを捧げていました。日本には平安時代に伝わり、江戸時代に5つの重要な節日を公式な年中行事として祝日とすることに。こうして「人日の節句（1月7日）」「上巳の節句（3月3日）」「端午の節供（5月5日）」「七夕の節句（7月7日）」「重陽の節句（9月9日）」という「五節句」が生まれました。人日、上巳……と耳慣れない言葉かもしれませんが、人日は「七草がゆを食べる日」、上巳は「ひな祭り」といえば、思い当たるのではないでしょうか？

また五節句がすべて奇数なのは、中国で奇数は「陽数」と呼ばれる縁起のいい数とされているから。数字に意味があるため、現在の年中行事では基本的に、旧暦の日付をそのまま新暦に採用しています。ではそれぞれの節句をくわしく見てみましょう。

人日の節句（1月7日）

1月7日の朝に7種類の野草を入れたおかゆを食べ、1年間の無病息災を願うという風習です。「セリ・ナズナ／ゴギョウ・ハコベラ・ホトケノザ／スズナ・スズシロ／春の七草」と5・7・5のリズムに合わせて覚えた方も多いのでは？　この日に7種類の野菜を入れた汁物を食べると災いが去り病気にかからないといういい伝えが、中国から日本に伝わりました。室町時代には武家の間で野草を入れたおかゆになり、江戸時代になると庶民にもひろがったそうです。なお、1月7日を「人日」と呼ぶのは古代中国の風習から。1月1日〜7日を「鶏、狗、猪、羊、牛、馬、人」の日として、順番に家畜や人を占うという風習があり、そこから「1月7日＝人日」と名づけられました。

七草の種類は地方によって異なりますが、「セリ＝競り勝つ」「ナズナ＝なでて汚れを取る」「ゴギョウ＝仏様の身体（御形）」「ハコベラ＝よく栄える」「ホトケノザ＝仏様が座るところ」「スズナ（カブ）＝神様を呼ぶ鈴」「スズシロ（ダイコン）＝けがれのない様子」をあらわすそう。新暦の正月では残念ながら初春に咲く野草を摘めませんが、最近はスーパーやお花屋さんなどで七草のセットを売っていたりします。健康を祈り、七草がゆを家族でいただくという風習は大切にしたいものです。

上巳の節句（3月3日）

桃の花やひな人形をかざり、おいしいひなあられを食べながら女の子の成長をお祝いする日。「桃の節句」ともいい、「旧暦3月上旬の巳の日」におこなわれたため「上巳（じょうし）」と呼ばれています。もともと、古代中国では災いの日とされ、水辺で身を清めて不浄を払うという風習がありました。それが平安時代に日本で取り入れられ、紙の人形（形代）にけがれを移して身代わりとして川に流して不浄を払う、という日本独自の風習に変わりました。これが「流しびな」。現在でも、鳥取地方を中心に各地でおこなわれている行事です。また、最初は質素だった流しびなが、次第に身分の高い女子が遊ぶための豪華な人形へと変わって、ひな人形が生まれました。はじめは宮中や貴族の間でおこなわれていましたが、やがて武家社会に広がり、江戸時代になると急速に庶民の間に広まったといいます。

なお、ひな祭りには桃の花と白酒を飾ります。旧暦のこの時期（今でいう3月下旬）に咲く花ということもありますが、桃は中国において、災いや邪悪なものを追い払う仙木と考えられていたからです。日本でも魔除けとしても桃の木を用いる伝説が多く、桃から生まれた男の子が鬼を退治する「桃太郎」の民話も有名ですね。

端午の節句（5月5日）

5月5日は「子どもの日」。男の子の成長を祝う五節句のひとつで、「端午」は「上旬の午の日」を意味する言葉です。今ではすっかり男子の日として有名ですが、もともとは女の人のための節句だったのです。日本では古くから5月を悪月とする考え方があり、田植えをはじめる前に、若い女の人が身を清めて田の神を迎えるという風習がありました。一方、中国では2000年以上も昔から、この日に菖蒲やよもぎを摘み、門に飾る習慣がありました。香りの強い菖蒲やよもぎは古くから薬草として知られ、けがれを払うと考えられていたのです。それが平安時代に日本に伝わり、日本古来の風習と相まって、貴族の間から民衆へと伝わりました。現代でも端午の節句には菖蒲湯に入って無病息災を祈る風習が生きています。

また男子の節句となったのは「語呂合わせ」が原因でした。「菖蒲」の音が「尚武（武道などを重んじること）」と同じなので、武運を祈る男子の節句とされたのです。

なお、端午の節句といえば「鯉のぼり」が有名です。これは「滝をのぼった鯉が龍に生まれ変わった」という中国の伝説にあやかり、江戸時代に武家で男子の出世を願う縁起物として飾られたことがはじまりでした。

七夕の節句（7月7日）

短冊に願い事を書いて、笹の葉につるして、お星様にお祈りする……7月7日の星祭りである「七夕」は有名です。実は七夕の行事は、中国や日本のいくつかの伝説が組み合わさって生まれたもの。そもそも「七夕」を「たなばた」と読むのはなぜでしょうか？

この言葉は「棚機つ女」という日本の伝説からきているといわれています。昔、けがれのない少女が水辺の小屋の中で衣を縫いながら、祖先の霊を待つという風習がありました。その少女が「棚機つ女」。また、中国では織女星（こと座のベガ）と牽牛星（わし座のアルタイル）の仲が良すぎて仕事をなまけたため、怒った天帝がふたりを引き離し、1年に一度だけ天の川をわたって会うことを許したという星の伝説がありました。さらに竿の先に5色の糸をかけて、手芸に秀でていた織女星に、裁縫や習字の上達を願うという風習もありました。中国からきたこれらの伝説と、日本の棚機つ女の信仰が結びついたのです。

なお、笹竹に短冊をかざる風習は、江戸時代に生まれたもの。新暦では、まだ梅雨の季節で満月の日に当たることもあります。旧暦の7月7日は上弦の月の頃。月光に邪魔されず、梅雨明けの澄んだ星空を堪能できるため、七夕は旧暦を意識して行事をおこなうほうが合っているかもしれません。

重陽の節句（９月９日）

日本ではすっかり影がうすくなってしまいましたが、別名「菊の節句」とよばれている節句です。旧暦の９月９日に中国で行われていた行事で、菊の花を浮かべた酒を飲み、長寿を祝いました。昔、中国で奇数は「陽の数」といわれる幸運数で、特に１ケタの最大奇数である９が重なる日は「重九（ちょうきゅう）（重陽）」と呼ばれ、大変めでたい日とされていました。また香りが強い菊は、中国で長寿を約束する薬草として親しまれ、桃と同じように災いを払う花と考えられていたのです。日本では平安時代のはじめに中国から伝わり、菊を使った宮中の儀式「観菊の宴（重陽の宴）」が催されました。杯に菊の花を浮かべた酒を飲みながら、長寿をお祝いしたといいます。

なお、日本独特の行事と言えば「着綿（きせわた）」の習慣。重陽の節句の前日に菊の花に綿にかぶせ、翌日に菊の香りがうつった綿で身を清めると長寿になれるといわれていました。重陽の節句は冬の衣替えの日と重なっていたため、昔は衣類にこの綿を入れて冬着としたそうです。ちなみに九州地方では秋祭りを「くんち」と呼びますが、「御九日」（おくんち）という言葉が語源。本来は旧暦の９月９日におこなわれた祭りを指すもので、今ではすたれてしまった重陽の節句が姿を変えて伝えられているのです。

「雑節」とは？

季節の移り変わりを表す節目

雑節とは、五節句や二十四節気の日以外に、季節の移り変わりをあらわす特別な日として設けられました。節分や土用の日などは今でもわたしたちの生活に溶け込んでいますね。その多くは農作業にそってつくられたもので、中国から伝わったものと、もともとあった日本独自の行事とが合わさって今のかたちになりました。

雑節は一般的に「節分」「彼岸」「社日」「八十八夜」「入梅」「半夏生」「土用」「二百十日」「二百二十日」の9つを指します。それに加えて「初午」「中元（上元・下元）」「盂蘭盆」「大祓」を入れることもあります。いくつか耳慣れない日があるかもしれません。たとえば、社日や半夏生などは、かつて生活に必要だったから設けられた日でした。でも生活の変化にともない、現代の人々には忘れ去られつつあるのです。では次のページから、今でも親しまれている行事をピックアップしてご紹介しましょう。

☾「雑節」一覧

節分	2月3日頃。立春・立夏・立秋・立冬など季節の変わる節の前日のこと。今は立春の節のみを指します。旧正月節（春節）の前日にあたる年越し行事で、豆をまいて邪気を払います。
彼岸	春分の日（3月21日頃）、秋分の日（9月23日頃）の前後3日間を指します。昼と夜の長さが等しくなり、暑さや寒さの境目となる日。先祖の霊を供養する日です。
社日	春分と秋分にもっとも近い戊の日。「社」とは生まれた土地の守り神・産土神のこと。産土神にお参りして、春の社日には豊作をお祈りし、秋の社日には収穫にお礼参りします。
八十八夜	5月2日頃。立春から数えて88日目にあたる日本独特の雑節。農業をおこなううえで重要な節目で、茶摘みや種まき、養蚕などの目安とされています。
入梅	6月11日頃。梅雨の時期に入る最初の日を指しますが、実際の梅雨入りとは関係ありません。梅の実が熟する頃に雨季に入ることから名づけられました。
半夏生	7月2日頃。夏至から11日目にあたり、七十二候では夏至の末候にもあたります。梅雨の終わりで、農家の人々はこの日までに田植えをすませるという習慣がありました。
土用	立春・立夏・立秋・立冬の前の18日間のこと。今では夏の土用だけがよく知られますが、この期間は土をいじるのは禁止する凶の期間とされました。土用の丑の日にはウナギを食べます。
二百十日	9月1日頃。立春から数えて210日目のこと。稲の開花時期にあたり、台風が多い時期でした。八朔（旧暦8月1日）、二百二十日とともに三大厄日として恐れられるほど悪天候。
二百二十日	9月11日頃。立春から数えて220日目のこと。二百十日と同様に台風襲来の時期。統計的には二百二十日のほうを警戒。
初午	2月の最初の午の日。全国の稲荷神社で初午祭りが行われます。特に京都の伏見稲荷神社での祭礼が有名で、五穀豊穣を祈って稲荷神をまつります。
中元	旧暦の1月15日を上元、7月15日を中元、10月15日を下元と呼び、三元としました。もとは先祖を供養する行事でしたが、今では中元だけが残り「お中元」として親しまれています。
盂蘭盆	7月13日～16日、旧暦7月15日におこなわれる先祖の霊を供養する行事で、月遅れでおこなう地域も。「お盆」と呼ばれ、墓参りや灯篭流しなどの仏教行事がおこなわれます。
大祓	6月と12月の晦日におこなわれる行事。6月を「夏越しの祓」、12月を「年越しの祓」と呼びます。災いが降りかからぬよう、身体のけがれをはらう行事です。

「節分」は年越し行事

「鬼は外、福は内」と豆を投げながら鬼を追い払う豆まき。毎年2月3日頃におこなう行事で、立春（旧暦では冬が終わってから春をむかえる日）の前日に、無病息災を願うイベントです。「立春」といえば旧暦の中の太陽暦の要素がもたらす「新年」がスタートする日。とはいえ、立春と旧暦の1月1日は必ずしも一致しません（最近では1954年と1992年、2038年だけが一致しています）。

季節に寄り添う旧暦では「1年のはじまりは春」という考え方があるため、節分はもともと年末行事で、おおみそかに災いを払って新年に幸せをまねく意図がありました。節分の「節」とは季節を指し、「節をわける」という意味。本来は四季それぞれに節分がありましたが、1年の境目である春の節分が重要視され、今では春の節分だけを「節分」と呼ぶようになりました。

豆まきのルーツは中国から伝わった年越しの行事「鬼やらい（追儺（ついな））」で、室町時代からはじまったそうです。1年のけがれを豆に移して投げることで、災いが去ると考えられていました。また、鬼はけがれの象徴。古来、中国では鬼は神のような霊的な存在でしたが、疫病をはやらせる悪神と鬼が結びつき「鬼＝悪霊」となっていきました。なお、大豆には穀物の霊が宿り、邪気を払う力があるとされたことから、豆を投げて鬼を払うようになったとか。この日に豆を数え年の数だけ食べるのも、新しい年を迎えて年を一つ取ることで、1年の無病息災を願うという年末行事の名残なのです。

「お彼岸」は浄土の方角がわかる日

お彼岸は、春分の日（3月21日頃）と秋分の日（9月23日頃）を中心とした7日間を指します。日本で生まれた仏教行事で、先祖の霊を供養して仏壇にお供え物をしたり、墓参りをしたりします。

「彼岸」とは仏教用語で「仏様のいる極楽浄土」のこと。もともとは仏様のいる場所へたどり着くことを願い、つつしむ日でした。実は極楽浄土は西の方角にあると考えられていて、春分の日と秋分の日は昼と夜の長さが同じ。つまり太陽が真東からのぼって真西沈む日です。だからこの日は、仏様のいらっしゃる極楽浄土の方角がはっきりわかる日として、古くから仏教行事がおこなわれてきました。

「暑さ寒さも彼岸まで」という言葉がありますが、この頃になるとようやく暑さ・寒さがやわらいで過ごしやすくなるためです。彼岸は、季節の変わり目でもあるのです。

なお、お彼岸になると仏壇には、ぼたもち（おはぎ）、団子、海苔巻き、いなり寿司などさまざまな食べ物を供えます。中でも欠かせないものは春のお彼岸の「ぼたもち」と秋のお彼岸の「おはぎ」。ぼたもちは「牡丹餅」、おはぎは「御萩」の字を当てますが、実はどちらも同じもの。春分の日には春に咲く「牡丹の花」、秋分の日には秋に咲く「萩の花」にちなんで、あえて呼び名を変えているのです。

「土用」は次の季節への準備期間

「土用」といえば7月下旬頃の「土用の丑の日」を連想し、夏の暑い時期のイメージですが、本来は立春・立夏・立秋・立冬の前の18～19日間のことをいい、土用は1年に4回あります。土用に入るはじめの日を「土用入り」、土用が終わる日を「土用明け」といいます。

土用の「土」は、115ページに登場する五行説の「土」のことです。五行説とは万物は木・火・土・金・水という5つからできていて、すべてこの5つの性質に分類できるという考え方。でも、五行説で季節を分類しようとすると、四季を5つの性質で分類するわけですから、当然ひとつ余ってしまいます。そこで各季節に入る前の18～19日間（合計73日）を「土」に当てはめ、次の季節をつくるための「準備期間」としたのです。

なお各々の四季は「春＝木（草木が芽吹くから）」「夏＝火（炎暑から）」「秋＝金（作物の収穫から）」「冬＝水（雪や氷から）」のように分類されます。

生き物はすべて死んだら土に還ることから、土は「生と死をつかさどる力」と信じられていました。そのため季節の節目に置いて、「新たな季節が生まれる」ために、土用の期間は土を動かすような工事などは忌み嫌われました。

なぜ夏の土用の丑の日にウナギを食べるのか？

土用の丑の日の起源は、ウナギ屋に頼まれた平賀源内によるPRという話は有名ですが、暦の観点から見ても「夏の土用・丑・ウナギ」は必然的に結びつくのです。

まず夏の土用中の丑の日は、十二直が必ず「破」となる凶日。そこで、土用＋破という二重の凶に対して、昔から夏バテに効くと定評のあった精のつくウナギで乗り切ろうとしたこと、そして一番の眼目は、五行説の「水剋火」の実践です。丑の月は一年で一番寒い大寒の頃、つまり最強の水です。それを丑の日に投影した「水の日」に、「水気の色＝黒」の「水中の生物＝魚」の条件を満たした「黒い魚＝ウナギ」を食べて、強すぎる夏の火気（大暑）をこれでもかと攻撃する……、という呪術的な意味があったのです。物知りの源内先生ですから、それを知っていたのではないでしょうか？

☽「盂蘭盆会」（お盆）はインドの言葉「ウランバーナ」から

お盆は旧暦7月15日を中心におこなわれる、先祖をまつるための仏教行事です。関東地方（東京）では新暦の7月15日におこなうことが多いですが、その他の地域では旧暦の日付に近い、月遅れの8月15日におこないます。先祖の供養をするために迎え火をたいて、盆棚にお供えをします。

お盆の正式名称は「盂蘭盆会（うらぼんえ）」。インドの言葉で「逆さ吊りにされているのを救う」という意味の「ウランバーナ」からきています。昔、インドの目蓮という人が、地獄に落ちて苦しむ母親を助けようと仏様に相談したら「7月15日に僧侶たちに食事をふるまい、母を供養しなさい」といわれ、そのようにしたら母親は極楽浄土へわたることができたそうです。『盂蘭盆経』という仏教の経典に書かれたこの話が、インドから中国に伝わり「盂蘭盆会」という行事になり、飛鳥時代に日本へと伝わりました。

なお、お盆の伝統的な行事に迎え火は送り火、盆踊りがあります。盆の入りの夕方、火をたいて先祖の霊を待つのが「迎え火」、盆明けの夕方に火をたいて、先祖の霊を返すのが「送り火」です。「精霊流し」や京都の「大文字」も送り火の一種で、今では夏のイベントのようになっている盆踊りも、本来は先祖の霊をなぐさめるための儀式でした。

☽「お中元」は先祖供養の「三元」から

7月になると、デパートなどで一斉に本格化するお中元合戦、ふだん、お世話になっている人に贈り物をする習慣ですが、そもそも「中元」とはなんでしょうか？

中元は中国から伝わった節日で、昔は「上元（1月15日）」「中元（7月15日）」「下元（10月15日）」を合わせて「三元」と呼んでいました。この日はすべて旧暦15日なので満月の日。神様に供え物をしてまつり、罪やけがれを払う日でした。特に中元の日は「人間贖罪の日」とされて、一日中火をたいて、神様にお祈りをする習慣があったそうです。これが日本に伝わったときにお盆の行事と合わさって、本来は先祖へのお供え物だったものが、江戸時代には中元の時期に近所へ贈り物をするということになり、中元の贈り物だけが受け継がれていきました。江戸時代の文献をひも解くと「飢饉のときは中元のやり取りを禁止する」というような文言が書かれており、今なお続くお中元の習慣は、古くから庶民の間に広まっていたようです。

「二十四節気」とは？

二十四節気の四季は「光の季節感」

「暦の上では立春ですが……」といった言葉を新聞やテレビで見聞きしませんか？　ほかに、大暑・大寒・大雪などもよく耳にします。「暦の上」の暦とは「旧暦」を指します。そしてわたしたちの生活に溶け込んでいる立春・立夏・立秋・立冬といった季節の境目をあらわす言葉は、「二十四節気」のひとつ。実は日本における歳時記の季語や、春夏秋冬をあらわす言葉のほとんどは二十四節気を指標としているのです。二十四節気によると、四季は次のように「四立」をはじまりとします。

春は「立春」から「立夏」前日まで（新暦の2月4日～5月5日頃）
夏は「立夏」から「立秋」前日まで（新暦の5月6日～8月7日頃）
秋は「立秋」から「立冬」前日まで（新暦の8月8日～11月6日頃）
冬は「立冬」から「立春」前日まで（新暦の11月7日～2月3日頃）

本来、立春はまだ寒い時期ですが「春立つ」と名づけて春のはじまりとするのは、「寒さが極まる時期だから、以降は暖かくなるだろう」という思想からきています。暑いさかりにもかかわらず、立秋がすぎたら「暑中見舞い」ではなく「残暑見舞い」としなければならないルールも、暦上では「秋」がはじまっているから。二十四節気による四季が、実際の季節よりひと月ほど早く感じられるのは、このように春のはじまりを「立春（新暦の2月4日頃）」と定義するためです。また、二十四節気は太陽の位置を計算してロジカルに考えられたもの（109ページ）。太陽の角度で決めた「光の季節」ともいえるため、わたしたちが感覚的に肌で感じる「気温の季節」とズレがあるのも無理はないのです。なお、旧暦では「1年は春からはじまる」とする決まりがあるため、旧正月節は立春の2月4日頃。真冬に受け取る年賀状に「新春」「迎春」とあるのは「春が1年のはじまり」とする旧暦時代の考え方からきています。

確かに二十四節気による旧暦の四季感覚は、現代の季節とひと月ほどずれています。しかし旧暦の季節感覚は、農作業をはじめ、手紙の文言や文学作品の季語など、日本人の生活と切っても切れない関係で結ばれているのです。だから、わたしたちが失いかけている季節感を取り戻すうえでは、目安となり大変便利です。季節の言葉に少し意識を向けるだけで、今までと違う視点で四季を感じることができるかもしれません。

「七十二候」とは？

「七十二候」は、みやびな季節カレンダー

「七十二候」とは、二十四節気のひとつひとつの期間を、さらに「初候」「次候」「末候」という三候に細かくわけ、1年を72の季節に振りわけたものです。二十四節気の一節はおよそ15日。七十二候はだいたい5日ごとに、季節の移り変わりをひとことであらわすような短い漢語で表現している、非常に風流な暦です。

たとえば「立春」の初候（新暦2月4〜8日頃）「東風解凍（はるかぜこおりをとく）」は「東から風が吹き始めて、厚い氷を溶かしはじめる時期がやってきた」という意味。

続く次候（新暦2月9〜13日頃）「黄鶯睍睆（うぐいすなく）」は「春の気配を感じて、うぐいすが山里で鳴きはじめた」という意味。

末候（新暦2月14〜18日頃）「魚上氷（うおこおりをいずる）」は「（立春から10日ほどすぎて）魚が動きだし、溶けて割れた氷から魚が飛びだす」といった意味になります。初候で最初の春

風を感じ、次候で春の気配にうぐいすが鳴きはじめ、末候で春の訪れに氷が溶けた水面から魚がはねる……この15日間あまりの一連の流れが、二十四節気でいう「立春」の季節となるわけです。昔の人々の感性や自然に対する観察眼は、非常に鋭いものがありますね。

七十二候は古代中国から、暦の一部分として日本に伝えられ、暮らしや農作業になくてはならないものとして、日本の風土に溶け込んでいきました。動植物の変化や旬のもの、自然現象の動きを短い言葉であらわした「季節カレンダー」のようなものと考えるとわかりやすいかもしれません。

日本では、奈良時代に七十二候が暦に使われはじめたといいます。しかし、中国から伝わったものなので日本にはない動植物などが描かれていたり、中国と日本の季節が違ったりしたため、季節と暦がそぐわない部分がありました。そこで、江戸時代に渋川春海をはじめとした暦学者たちが、日本の風土にあった「本朝七十二候」をつくりました。のちの時代でも何度か修正され、今にいたるまで、旧暦のなかに残されています。日本の自然のいとなみを約5日ごとにあらわすという七十二候。このユニークな暦こそ、自然の中に生きる人間の英知の結集といえるかもしれません。

二十四節気と七十二候

四季	二十四節気	日付（頃）	候	七十二候（宝暦暦・寛政暦）		意味
春	立春（りっしゅん）	2/4～8	初候	東風解凍	はるかぜこおりをとく	春の風が氷を解かす。
		2/9～13	次候	黄鶯睍睆	うぐいすなく	鶯が鳴きはじめる。
		2/14～18	末候	魚上氷	うおこおりをいずる	水の中の魚が氷の間から出てくる。
	雨水（うすい）	2/19～23	初候	土脉潤起	つちのしょううるおいおこる	地面が水分を含んでしっとりしてくる。
		2/24～28	次候	霞始靆	かすみはじめてたなびく	霞がたなびきはじめる。
		3/1～5	末候	草木萠動	そうもくめばえいずる	草木が芽生えはじめる。
	啓蟄（けいちつ）	3/6～10	初候	蟄虫啓戸	すごもりむしとをひらく	巣籠っていた虫が外に出るようになる。
		3/11～15	次候	桃始笑	ももはじめてひらく	桃の花が咲き始める。
		3/16～20	末候	菜虫化蝶	なむしちょうとなる	菜虫（青虫）が成長して紋白蝶になる。
	春分（しゅんぶん）	3/21～25	初候	雀始巣	すずめはじめてすくう	雀が巣をつくりはじめる。
		3/26～30	次候	桜始開	さくらはじめてひらく	桜の花が咲き始める。
		3/31～4/4	末候	雷乃発声	かみなりすなわちこえをはっす	雷が鳴りはじめる。
	清明（せいめい）	4/5～9	初候	玄鳥至	つばめきたる	ツバメが南から飛来する。
		4/10～14	次候	鴻雁北	こうがんかえる	雁などが北へ帰る。
		4/15～19	末候	虹始見	にじはじめてあらわる	虹がはじめて見える。
	穀雨（こくう）	4/20～24	初候	葭始生	あしはじめてしょうず	水辺にあし（葭）が生えはじめる。
		4/25～29	次候	霜止出苗	しもやんでなえいずる	霜がなくなり、稲の苗が育ってくる。
		4/30～5/4	末候	牡丹華	ぼたんはなさく	牡丹の花が咲くようになる。

四季	二十四節気	日付（頃）	候	七十二候（宝暦暦・寛政暦）		意味
夏	立夏（りっか）	5/5～9	初候	蛙始鳴	かわずはじめてなく	カエルが鳴きはじめる。
		5/10～14	次候	蚯蚓出	みみずいずる	ミミズが地上に這い出る。
		5/15～20	末候	竹笋生	たけのこしょうず	タケノコが生える。
	小満（しょうまん）	5/21～25	初候	蚕起食桑	かいこおきてくわをはむ	蚕が桑の葉をさかんに食べるようになる。
		5/26～30	次候	紅花栄	べにばなさかう	紅花がさかんに咲く。
		5/31～6/5	末候	麦秋至	むぎのあききたる	麦が熟して黄金色になる。
	芒種（ぼうしゅ）	6/6～10	初候	螳螂生	かまきりしょうず	カマキリが生まれる。
		6/11～15	次候	腐草為蛍	くされたるはなくさほたるとなる	腐った草が蛍になる。
		6/16～20	末候	梅子黄	うめのみきばむ	梅の実が黄色く色づく。
	夏至（げし）	6/21～26	初候	乃東枯	なつかれくさかるる	夏枯草の花穂が黒ずんで枯れたようになる。
		6/27～7/1	次候	菖蒲華	あやめはなさく	菖蒲の花が咲き始める。
		7/2～6	末候	半夏生	はんげしょうず	半夏が生えはじめる。
	小暑（しょうしょ）	7/7～11	初候	温風至	あるかぜいたる	熱い風が吹いてくる。
		7/12～16	次候	蓮始開	はすはじめてひらく	蓮の花が咲き始める。
		7/17～22	末候	鷹乃学習	たかすなわちわざをならう	鷹の幼鳥が飛ぶことをならうようになる。
	大暑（たいしょ）	7/23～28	初候	桐始結花	きりはじめてはなをむすぶ	桐の実が固くなる。
		7/29～8/2	次候	土潤溽暑	つちうるおいてむしあつし	土がじっとりして蒸し暑い。
		8/3～7	末候	大雨時行	たいうときどきふる	ときとして大雨が降る。

四季	二十四節気	日付（頃）	候	七十二候（宝暦暦・寛政暦）		意味
秋	立秋（りっしゅう）	8/8～12	初候	涼風至	すずかぜいたる	秋の涼しい風が吹くようになる。
		8/13～17	次候	寒蝉鳴	ひぐらしなく	ヒグラシが鳴く。
		8/18～22	末候	蒙霧升降	ふかききりまとう	深い霧が立ち込める。
	処暑（しょしょ）	8/23～27	初候	綿柎開	わたのはなしべひらく	綿の実を包む萼が開く。
		8/28～9/1	次候	天地始粛	てんちはじめてさむし	ようやく天地の暑さも収まる。
		9/2～7	末候	禾乃登	こくものすなわちみのる	稲やクリなどの穀物が実る。
	白露（はくろ）	9/8～12	初候	草露白	くさのつゆしろし	草についた露が白く光って見える。
		9/13～17	次候	鶺鴒鳴	せきれいなく	セキレイが鳴くようになる。
		9/18～22	末候	玄鳥去	つばめさる	ツバメが南に帰る。
	秋分（しゅうぶん）	9/23～27	初候	雷乃収声	かみなりすなわちこえをおさむ	雷が鳴らなくなる。
		9/28～10/2	次候	蟄虫坏戸	むしかくれてとをふさぐ	虫が隠れて戸をふさぐ。
		10/3～7	末候	水始涸	みずはじめてかるる	田から水を抜いて乾かす。
	寒露（かんろ）	10/8～12	初候	鴻雁来	こうがんきたる	雁が飛来する。
		10/13～17	次候	菊花開	きくのはなひらく	菊の花が咲き始める。
		10/18～22	末候	蟋蟀在戸	きりぎりすとにあり	キリギリスが家の中で鳴く。
	霜降（そうこう）	10/23～27	初候	霜始降	しもはじめてふる	霜が初めて降りる。
		10/28～11/1	次候	霎時施	こさめときどきふる	時雨が降るようになる。
		11/2～6	末候	楓蔦黄	もみじつたきばむ	紅葉や蔦が色づく。

四季	二十四節気	日付（頃）	候	七十二候（宝暦暦・寛政暦）		意味
冬	立冬（りっとう）	11/7〜11	初候	山茶始開	つばきはじめてひらく	山茶花（サザンカ）が開き始める。
		11/12〜16	次候	地始凍	ちはじめてこおる	大地も凍り始める。
		11/17〜21	末候	金盞香	きんせんかさく	水仙の花が咲く。
	小雪（しょうせつ）	11/22〜26	初候	虹蔵不見	にじかくれてみえず	虹が見えなくなる。
		11/27〜12/1	次候	朔風払葉	きたかぜこのはをはらう	北風が木々の葉を払い落す。
		12/2〜6	末候	橘始黄	たちばなはじめてきばむ	橘の実が黄色く色づく。
	大雪（たいせつ）	12/7〜11	初候	閉塞成冬	そらさむくふゆとなる	天地の気が塞がって真冬となる。
		12/12〜15	次候	熊蟄穴	くまあなにこもる	クマが穴に入って冬眠をする。
		12/16〜21	末候	鱖魚群	さけのうおむらがる	シャケが群がって川をさかのぼる。
	冬至（とうじ）	12/22〜26	初候	乃東生	なつかれくさしょうず	夏枯草が芽を出す。
		12/27〜31	次候	麋角解	さわしかつのおつる	大鹿の角が抜け落ちる。
		1/1〜4	末候	雪下出麦	ゆきくだりてむぎのびる	雪が一面に積り、その下で麦が芽を出す。
	小寒（しょうかん）	1/5〜9	初候	芹乃栄	せりすなわちさかう	セリが青々と生える。
		1/10〜14	次候	水泉動	しみずあたたかをふくむ	地中で凍った泉が動き始める。
		1/15〜19	末候	雉始雊	きじはじめてなく	キジの雄が雌を求めてケーンケーンと鳴きはじめる。
	大寒（だいかん）	1/20〜24	初候	款冬華	ふきのはなさく	フキの花が咲き始める。
		1/25〜29	次候	水沢腹堅	さわみずあつくかたし	沢の水が厚く凍る。
		1/30〜2/3	末候	鶏始乳	にわとりはじめてにゅうす	鶏が卵を抱き始める。

月の満ち欠けと私たちの暮らし

数多くの月の呼び名に表れた豊かな感性

新月のことを「朔（さく）」、三日月のことを「眉月（まゆづき）」、上弦の月を「弓張り月」、満月を「望（ぼう）」、夜明けにぼんやり見える月を「有明月」、夕暮れに見える月を「黄昏月」など。太陽にこれほど別名はないのに、月齢をあらわす美しい呼び名が日本にはたくさんあります。

古来、日本人は旧暦で暮らしていましたから、月の形がそのまま日付をあらわしていました。中秋の名月（15日の満月の頃に祝います）や七夕（7日は上弦の月頃なので、夜10時頃には月が沈み、星空がよく見えます）など、年中行事には月齢を意識したものが多く、今のわたしたち以上に月に親しみを感じ、生活の一部として月をながめていたのでしょう。左の表のとおり、月の呼び名には、旧暦の日付と密接に関わっているものが数多くあります。ここで取りあげた呼び名はほんの一部ですが、昔の日本人の月に対する敬意と、豊かな感性を味わうことができます。

☾ 月の形と呼び名

月の形	月齢	異名	由来
	新月	朔（さく）	旧暦の毎月の第１日目の月。肉眼では見えません。朔を NewMoon ということから「新月」と呼びます。
	三日月	眉月（まゆづき）	３日目の夕方に出る細い月。始生魄・繊月・若槻・蛾眉など、三日月には多くの異名があります。
	八日月	上弦の月（じょうげんのつき）	新月と満月の中間の頃。正午頃上り、日没頃南中し、夜半に沈みます。弓春月などの異名も。
	十三日月	十三夜月（じゅうさんや）	十五夜に次いで月が美しいとされ、宮中では月見の宴がもよおされました。
	十四日月	小望月（こぼうげつ）	望月の前夜に出ることから。「待宵月」や満月（望）に近い（幾）月から「幾望」という異名もあります。
	十五日月	望（ぼう）	旧暦で 15 日目の夜に出る月。日没と同時に出て明け方に沈みます。満月・十五夜月・望月とも。
	十六日月	十六夜（いざよい）	「いざよう」が語源で、満月に比べて月の出が１時間ほど遅れ、月がためらっているようにみえることから名づけられました。
	十七日月	立待月（たちまちづき）	夕方、立ちながら待っているうちに出てくる月ということから名づけられました。
	十八日月	居待月（いまちづき）	月の出が日没よりかなり遅れるので、「座って月を待つ」ということから名づけられました。
	十九日月	寝待月（ねまちづき）	月の出がますます遅れ、もはや「寝て待つ」ということから名づけられました。
	二十三日月	下弦の月（かげんのつき）	満月と新月の中間の頃。真夜中に出て、昼頃沈みます。半月の弦が下向きに沈みます。弓張り月とも。
	三十日月	晦（つごもり）	「月隠（つきごもり）」が変化したもので、転じて晦は各月の最終日を指すように。月が太陽に近すぎて肉眼では見えません。

生活や歴史にも月齢の影響が！

海の潮が引いたり満ち足りするのは、主に月の引力が地球に働いているため、ということはご存知でしょう。潮の干潮は1日2回、ほぼ6時間ごとに生じています。そして月の満ち欠けの周期で見ると、新月の頃と満月の頃の海は、「大潮（満潮と干潮の海面の高さの差がもっとも大きくなる）」時期。一方、上弦の月（8日頃）と下弦の月（23日頃）の頃の海は、「小潮（満ち干の差がもっとも小さくなる）」の時期。日頃、海とともにくらす漁師さんや釣りを趣味とする人にとっては常識かもしれませんが、新月や満月の「大潮」の時期は、魚の活性が高まるためによく釣れるとか。一方、「小潮」の時期は、干満の差が小さくゆるやかなため、あまり釣果は期待できないそう。だから日付（旧暦）を見れば、今日の潮がどのくらいかがすぐわかるのです。

こうした月の満ち欠けと潮の関係について、当然、今より自然が身近な存在だった昔の人々は気づいていました。たとえば、歴史上の事件の日付（旧暦）を見てみると、源平合戦の「壇ノ浦の戦い」や「屋島の戦い」では、潮の流れを読んで戦いをしかけていることがわかります。

月齢と私たちの身体

さらに、月の引力は、海だけでなく地球上のすべての生き物に影響をあたえているとも考えられています。身体の約3分の2が水分でしめられている人間も同様に、月の影響を受けているというのです。たとえば、女性の月経周期の平均は約29日半。これは驚くべきことに、1か月の月の満ち欠けの周期である約29日半と、ほぼ同じです。そもそも「月経」や「初潮」といった言葉からも、月や潮と身体の関係を連想することができます。また、受精から出産までの女性の妊娠期間は265・8日。こちらも、月齢の9か月とほぼ一致しているのです。

このほかにも「人は満潮時に生まれ、干潮時に死ぬ」「満月の時期に出産する人が増える」「満潮のときにケガをすると出血が多い」など……さまざまな言い伝えが各地に残されています。これらは科学的に証明されているわけではありませんが、月を生活の一部として見ていた旧暦時代の人々にとって、月は神秘の象徴。その月によって引き起こされる潮の干満と人体の血液の間には、なんらかの因果関係があるに違いないと考えたのかもしれません。

各月の名前と季節の行事

旧暦の各月の和名と四季

旧暦にまつわる年中行事や、月齢について振り返ってきました。この章のしめくくりに、1年12か月ごとの季節の風物詩をご紹介します。

ところで昔の日本人が月にみやびな名前をつけたように、旧暦の12か月の月名も、たくさん親しみのある名前で呼んでいました。これも四季がはっきりとしている日本ならではの文化といえます。代表的な旧暦の月の和名は睦月（1月）・如月（2月）・弥生（3月）・卯月（4月）・皐月（5月）・水無月（6月）・文月（7月）・葉月（8月）・長月（9月）・神無月（10月）・霜月（11月）・師走（12月）。注意点は、各月の和名は旧暦につけられたため、約1か月の季節のズレがあることです。たとえば「6月」は新暦では梅雨時期ですが、旧暦では酷暑（今の7月頃）。「水無月」という和名がついているのは、梅雨が終わって水がかれる時期だからといわれています。

各月の和名

1月	睦月（むつき）	正月は家族や親戚が集まって、むつみ合うことから「むつき」と呼ぶといわれていますが、諸説あります。
2月	如月（きさらぎ）	寒くて衣をさらに重ね着するから、「きぬさらにき月」がつまって「衣更着（きさらぎ）」という説があります。
3月	弥生（やよい）	暖かくなり、草木がいよいよ生い茂ることから「木草弥生（きくさやおい）い茂る月」がつまって「やよい」になりました。
4月	卯月（うづき）	卯の花（ウツギの花）が咲く月で「卯の花月」から「うづき」になったといいますが、諸説あります。
5月	皐月（さつき）	田植えが盛んで、早苗を植える月で「早苗月（さなえづき）」がつまって「さつき」となりました。さつきの「さ」は神にささげる稲という意味。
6月	水無月（みなづき）	梅雨が終わり、水も枯れ尽きるので「水無し月」が「みなづき」に。逆に田に水を張る「水張り月」から「みなづき」という説もあります。
7月	文月（ふみつき）	七夕にちなんだ呼び名で、短冊に歌や詩を書いて、牽牛・織女の星にささげる文の月ということで「ふみづき」となりました。
8月	葉月（はづき）	木の葉が黄葉して落ちる月から「葉落ち月」がつまって「はづき」になったといわれていますが、諸説あります。
9月	長月（ながつき）	「秋の夜長の頃」という意味から「よながつき」が「ながつき」になったといわれています。
10月	神無月（かんなづき）	全国の神様が出雲大社に出かけ、神々が留守になるから「神無し月＝かみなづき」と呼ばれるようになりました。
11月	霜月（しもつき）	文字通り霜がしきりに降りる季節だから「しもつき」になったといわれています。
12月	師走（しわす）	1年の終わりで忙しく、師匠といえども趨走（すうそう。急いで走ること）することから「師趨」となり、これが「しわす」になったといわれています。

第四章

開運ツール「運勢暦」を使いこなす

開運ツール「運勢暦」活用術

「九星暦」の開運情報を読む

季節の変化や天体の運行などを克明に織り込んだ暦が、わたしたちのくらしを豊かに彩ってくれることを、これまでの章でお話ししました。この章からは、暦を「開運のためのツール」としてとらえ、具体的な開運テクニックをご紹介します。

開運ツールとして使える暦は、毎年刊行される「開運暦」「九星暦」などの運勢暦です。ここでは『九星幸運暦』（徳間書店）を例に挙げながら、その活用法をお話しましょう。

まず157ページの表をご覧ください。ここには日付から干支、九星、六曜、十二直……など、さまざまな情報（暦注という）が書かれています。わたしたちは、案外、日付と曜日、せいぜいどんな行事があるかくらいしか見ないものですが、それは、とてももったいないこと。なぜなら、ひとつひとつの文字には、開運を導くための情報が秘められているからです。

パーソナル情報

日の干支と日の九星。それ自体に吉凶はありませんが、自分の生まれた年の干支や九星の本命星との関わりを知ることで、自分だけの吉凶を導くことができます。

二月（平）〈如月（きさらぎ）〉 胃宿（二月四日の立春より 月命甲寅五黄土星月）

東京 日出 一日 六・四一 十一日 六・三二 二十一日 六・二二／日入 一日 一七・一〇 十一日 一七・一八 二十一日 一七・二八

暦	曜	干支	九星	暦の行事・祭り	六曜	十二直	廿八宿	旧暦
日	木	甲（きのえ）子	七赤	テレビ放送記念日 天赦日 一粒万倍日 甲子	先負	閉	奎	16日 旧12月
日	金	乙（きのと）丑	八白		仏滅	建	婁	17日
日	土	丙（ひのえ）寅	九紫	節分 奈良春日大社万灯籠	大安	除	胃	18日
春（旧正月節） 二月四日 6時28分 暗剣殺 なし								
日	日	丁（ひのと）卯	一白	立春	赤口	除	昴	19日
日	月	戊（つちのえ）辰	二黒	さっぽろ雪まつり	先勝	満	畢	20日
日	火	己（つちのと）巳	三碧	新宮神倉神社御灯祭 己巳	友引	平	觜	21日
日	水	庚（かのえ）午	四緑	北方領土の日 初午 一粒万倍日 不成就日	先負	定	参	22日
日	木	辛（かのと）未	五黄	◑下弦0時54分 針供養	仏滅	執	井	23日
日	金	壬（みずのえ）申	六白		大安	破	鬼	24日
十日	土	癸（みずのと）酉	七赤		赤口	危	柳	25日
十一日	日	甲（きのえ）戌	八白	●建国記念の日 紀元節	先勝	成	星	26日
十二日	月	乙（きのと）亥	九紫	振替休日 四条畷神社祭 三隣亡	友引	納	張	27日
十三日	火	丙（ひのえ）子	一白		先負	開	翼	28日
十四日	水	丁（ひのと）丑	二黒	聖バレンタインデー 一粒万倍日	仏滅	閉	軫	29日

七十二候：・鶏始めて乳す（にわとりはじめてにゅうす） 鶏が卵を抱き始める。／・東風解凍（はるかぜこおりをとく） 春の風が氷を解かす。／・黄鶯（うぐいす）… 鶯（うぐいす）…／・魚上（うおこおり）…

パブリック情報

行事欄に書かれている赤い文字は「選日」、その下の欄には、六曜、十二直、二十八宿が並びます。いずれも万人に向けた吉凶情報です。

『九星幸運暦 2018 戊戌　九紫火星』（徳間書店）より

暦から読み取れる個人向けと万人向けの情報

暦には、開運のためのさまざまな情報が盛り込まれていますが、開運情報は大きくふたつに分類することができます。

ひとつには、個人個人の開運に役立つ「パーソナル情報」、そしてもうひとつは、万人に向けての「パブリック情報」です。

パーソナル情報とは、個人個人の生年月日などから開運の手がかりを見つけるもので、前ページにある「干支」や「九星」がそれに該当します。例えば、自分の生まれ年の干支や九星をもとに、知りたい月や日の干支、九星との関わりを見ることで、「今日は恋愛運がよさそう」「今日は仕事でミスをしそうだから、気をつけよう」など、その人の運気がわかるのが、パーソナル情報です（くわしくは第五章で解説）。

一方パブリック情報とは、文字どおり、万人に向けての基本情報で、いってみれば「お天気の情報」のようなもの。みんなでどこかへ行くときには、空模様を知るために天気予報をチェックしますが、それと同じような役割を持つものが、万人に向けていい日や注意日を教える、パブリック情報です。

パブリック情報のよいところは、生年月日から干支や九星などを導き出さなくても、暦に記された文字の意味を読み解くだけで、容易にその日の吉凶が占えることです。吉凶は、天文や干支などから導き出したもので、それぞれに裏づけとなる理論を持ちます。

たとえば、子どもの成長を祝う「七五三」。これは徳川幕府が旧暦の11月15日に定めましたが、この日を採用したのは二十八宿（古法の二十七宿による）の「鬼宿日」にあたるからです。「鬼宿日」は、天文学的に見て、もっともめでたい日とされていたからですが、昔の人は、このように暦の吉日をもとにイベント日をもうけたのです。

「運を開くには、万人向けの情報では物足りない！」と思われるかもしれません。もちろん、運はそもそもがパーソナルな性質のものですから、個人の運勢や方位が優先します。しかし運を開くには、その日の「いい天気」を受けることが大切です。陽の光が燦々と降り注ぐ日は誰しも気分がいいものですが、気分がよければすべての細胞が活性化し、考え方も前向きになって必然的に運も上向きになります。

東洋の生活の知恵ともいえる暦の教えを活用して、毎日の暮らしの中で幸せをつかむきっかけをつくりましょう。

暦の暦注の見方

暦にある情報（暦注）を読み解こう

では具体的にどこにどんな情報（暦注）が書かれているか見てみましょう。

① 旧暦の際につけられた各月の和名。

② **十二直**（じゅうにちょく） 北斗七星が由来の12の虚星による吉凶占い。

③ **二十八宿** 月の軌道を28の宿に割り当てて行う吉凶占い。

④ **干支** 右端の欄にあるのは月の干支（例では甲寅）。上段の「干支」欄にあるのは日の干支。

⑤ **九星** 右端の欄にあるのは月の九星（例では五黄）。上段の「九星」欄にあるのは日の九星。いずれも九星盤（月盤、日盤）の中央に位置する九星をあらわしています。

⑥ **六曜** 六輝とも呼ばれる、江戸時代に大人気を得た日や時刻の吉凶占い。

⑦ **雑節** 二十四節気のほかに季節の推移をあらわした言葉（くわしくは133ページ参照）。

①〈如月〉（きさらぎ）

二月（平）

胃宿

（二月四日の立春より 月命甲寅五黄土星月）

東京	日出	日入
一日	六・四一	一七・〇八
十一日	六・三二	一七・一八
二十一日	六・二二	一七・二八

新暦	曜	干支	九星	暦の行事・祭り	六曜	十二直	廿八宿	旧暦	七十二候
一日	木	甲（きのえ）子	七赤	テレビ放送記念日 天赦日 一粒万倍日 甲子	先負	閉	奎	12月16日	・鶏始めて乳す（にわとりはじめてにゅうす） 鶏が卵を抱き始める。
二日	金	乙（きのと）丑	八白		仏滅	建	婁	17日	
三日	土	丙（ひのえ）寅	九紫	節分 奈良春日大社万灯籠	大安	除	胃	18日	
立春（旧正月節） 二月四日 6時28分 暗剣殺 なし									
四日	日	丁（ひのと）卯	一白	立春	赤口	除	昴	19日	・東風解凍（はるかぜこおりをとく） 春の風が氷を解かす。
五日	月	戊（つちのえ）辰	二黒	さっぽろ雪まつり	先勝	満	畢	20日	
六日	火	己（つちのと）巳	三碧	新宮神倉神社御灯祭 己巳	友引	平	觜	21日	
七日	水	庚（かのえ）午	四緑	北方領土の日 初午 一粒万倍日 不成就日	先負	定	参	22日	
八日	木	辛（かのと）未	五黄	◑下弦0時54分 針供養	仏滅	執	井	23日	
九日	金	壬（みずのえ）申	六白		大安	破	鬼	24日	・黄鶯睍睆す（うぐいすなく） 鶯が鳴き始める。
十日	土	癸（みずのと）酉	七赤		赤口	危	柳	25日	
十一日	㊐	甲（きのえ）戌	八白	⦿建国記念の日 紀元節	先勝	成	星	26日	
十二日	㊊	乙（きのと）亥	九紫	振替休日 四条畷神社祭 三隣亡	友引	納	張	27日	
十三日	火	丙（ひのえ）子	一白		先負	開	翼	28日	
十四日	水	丁（ひのと）丑	二黒	聖バレンタインデー 一粒万倍日	仏滅	閉	軫	29日	・魚上氷（うおこおりをいずる）

①〈如月〉 ②十二直 ③二十八宿 ④干支 ⑤九星 ⑥六曜 ⑦雑節

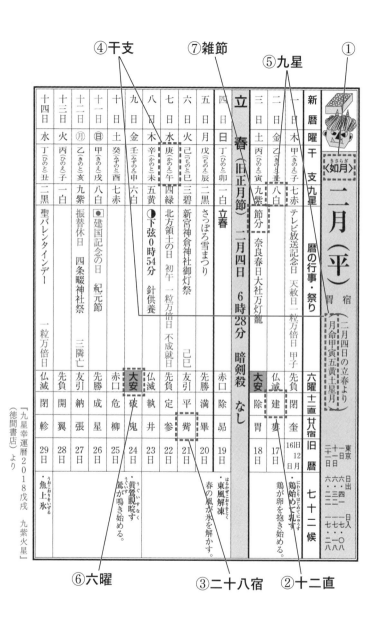

『九星幸運暦2018戊戌 九紫火星』（徳間書店）より

⑧ **選日**（せんじつ） 六曜や十二直に含まれないもので、おもに六十干支の特徴的な組み合わせから吉凶を占ったもの。代表的な選日は、八専（はっせん）、十方暮（じっぽうぐれ）、一粒万倍日（いちりゅうまんばいび）、不成就日（ふじょうじゅび）、三隣亡（さんりんぼう）、天一天上（てんいちてんじょう）、天赦日（てんしゃび）、三伏日（さんぷくび）、土公神（どくじん）などがあります。

⑨ **旧暦** 現在、使われている「太陽暦」以前に使われていた暦（「太陰太陽暦」）による日付です。

⑩ **節変わり日** 二十四節気のはじまりを示しています。

⑪ **二十四節気の旧暦の呼び名** 立春は旧暦1月の節気（旧正月節）。

⑫ **節変わりの時刻** この時刻から新しい節に切り替わります。九星占いなどでは、この節の変わりで月が変わり、立春から新しい年が始まると考えます。ですから節の切り替わり時刻によって前年生まれか、当年生まれかが変わるので、注意しましょう。

⑬ **暗剣殺の方位**（あんけんさつ） 月の方位盤（月盤）につく凶神（暗剣殺）の方位。この方位は、誰にとっても凶方位となります。

⑭ 東京を基準とした日の出と日の入の時刻。

⑮ **朔望** 月の満ち欠け（朔＝新月、上弦、望＝満月、下弦）とその時刻。

⑯ **七十二候** 二十四節気の各節気を3等分した時候の名称です。わずか5日ほどの期間ですが、その間の季節的特徴を短い言葉で的確に表しています（142ページ参照）。

〈如月(きさらぎ)〉
二月(平)
胃宿
(二月四日の立春より 月命甲寅五黄土星月)

東京	日出	日入
一日	六・四一	一七・〇八
十一日	六・三二	一七・一八
二十一日	六・二二	一七・二八

新暦	曜	干支	九星	暦の行事・祭り	六曜	十二直	廿八宿	旧暦	七十二候
一日	木	甲(きのえ)子	七赤	テレビ放送記念日 天赦日 一粒万倍日 甲子	先負	閉	奎	16日 旧12月	・鶏始めて乳す(にわとりはじめてにゅうす) 鶏が卵を抱き始める。
二日	金	乙(きのと)丑	八白		仏滅	建	婁	17日	
三日	土	丙(ひのえ)寅	九紫	節分 奈良春日大社万灯籠	大安	除	胃	18日	
立春(旧正月節)	二月四日	6時28分		暗剣殺 なし					
四日	日	丁(ひのと)卯	一白	立春	赤口	除	昴	19日	・東風解凍(はるかぜこおりをとく) 春の風が氷を解かす。
五日	月	戊(つちのえ)辰	二黒	さっぽろ雪まつり	先勝	満	畢	20日	
六日	火	己(つちのと)巳	三碧	新宮神倉神社御灯祭 己巳	友引	平	觜	21日	
七日	水	庚(かのえ)午	四緑	北方領土の日 初午 一粒万倍日 不成就日	先負	定	参	22日	
八日	木	辛(かのと)未	五黄	◑下弦0時54分 針供養	仏滅	執	井	23日	
九日	金	壬(みずのえ)申	六白		大安	破	鬼	24日	・黄鶯睍睆す(うぐいすなく) 鶯(うぐいす)が鳴き始める。
十日	土	癸(みずのと)酉	七赤		赤口	危	柳	25日	
十一日	日	甲(きのえ)戌	八白	●建国記念の日 紀元節	先勝	成	星	26日	
十二日	月	乙(きのと)亥	九紫	振替休日 四条畷神社祭 三隣亡	友引	納	張	27日	
十三日	火	丙(ひのえ)子	一白		先負	開	翼	28日	
十四日	水	丁(ひのと)丑	二黒	聖バレンタインデー 一粒万倍日	仏滅	閉	軫	29日	・魚上氷(うおこおりをいずる)

『九星幸運暦2018戊戌 九紫火星』(徳間書店)より

「大安」から「仏滅」まで六曜の吉と凶

起源は古代中国の哲学「六行説」

暦でわかるお日柄でもっともポピュラーなものといえば、大安や仏滅など6種類の吉凶からなる「六曜」ではないでしょうか。

たとえば、結婚式をあげるなら大安、友引には葬式をしない……といったように、占いの知識があまりなくても、日常的に六曜を活用している人は多いでしょう。

では六曜とは、どんな仕組みでできているのでしょうか。

六曜が日本に伝わったのは、鎌倉時代から室町時代にかけてで、中国から伝来しました。吉凶が「先勝・友引・先負・仏滅・大安・赤口」と、6分類されているのは、古代中国に「物事は6つに分類できる」とする考え方があったからです。

なぜ、6分類かといえば、東西南北4つに天と地を合わせれば6つになるからです。これを「六行説」といいますが、やがてこの説は、物事を5つに分類する「五行説」が優位

六曜・吉凶一覧

	吉凶	吉事	凶事
先勝（せんかち）	午前吉、午後凶	急用・訴訟・勝負事	午後の行動
友引（ともびき）	吉凶なし	結婚・祝い事など慶事	葬儀
先負（せんまけ）	午前凶、午後吉	午後の行動	急用・訴訟・勝負事
仏滅（ぶつめつ）	凶	なし	新規事
大安（たいあん）	吉	結婚・祝い事など慶事	なし
赤口（しゃっこう）	昼が吉	昼の行動	祝い事

になったためすたれてしまいました。しかし、六行説を起源とした六曜は、吉凶占いとして生き残り、日本に伝来したのです。

日本流にアレンジされた「六曜」

六曜は、もともと「小六壬（しょうりくじん）」「六壬時課（りくじんじか）」などと呼ばれ、おもに時刻の吉凶を占う手段として、古代中国で用いられていました。

考案者は、唐の時代の暦学者・李淳風（りじゅんぷう）の説が有力ですが、もうひとり、三国志の知将・諸葛孔明（しょかつこうめい）が編み出したとの説もあります。小六壬（六壬時課）を使ってさまざまな戦いを勝利に導いたといわれますが、いずれも真偽のほどは定かではないようです。

日本に伝来した時刻占いの六曜ですが、当

初は時刻の吉凶を占うことに、なじみがなかったため、あまり普及しなかったようです。
しかし、アレンジが得意な日本人は、しくみや名称に手を加え、独自の「日」の吉凶占いに変化させます。この、日本製の六曜が明治の改暦後に庶民の間で爆発的に流行します。

明治の改暦後かえって爆発的人気を博した六曜

その理由として考えられるのは、ひとつは、吉凶の種類が6つというシンプルさです。吉凶のランクや種類が多ければ、確かに信憑性は増すように思えます。しかし、庶民が暦に求めるのはわかりやすさです。六曜は、誰にも容易に判断がついて使い勝手がよかったのです。

もうひとつは、その独特の配当ルールによって、先勝・友引・先負・仏滅・大安・赤口の順番や間隔が、七曜のようにきちんと規則的に同じ順番や間隔で巡ってくるわけではなく、順番が飛んだり、同じ六曜同士のその間隔が長かったり短かったりして不規則にみえることにあります。六曜が新暦に載るようになって月の区切れが変わるとその神秘さがさら増しました。判断方法はシンプルでも出現間隔が不安定な六曜は謎めいた占いに感じられたのでしょう。

明治6年に太陽暦に改暦されると、政府は暦注の吉凶占いを「迷信」と断じ、封じてしまいました。しかし、庶民の暦注への人気は衰えることがなかったため、独自に暦注を掲載した暦が出版されると、改暦によって神秘性を増した六曜は爆発的人気を博し、庶民はおおいに活用し、現代にも続いているのです。

六曜の吉凶が暗示するもの

この六曜は、それぞれ次のような意味を暗示しています。

先勝（せんかち）　せんしょう、さきかち、とも読みます。「先んずれば勝ち」の意味で、早ければ幸運をつかむことができる、というわけです。急ぎの願い事、急用や訴訟、勝負事などに吉となる日です。また、午前中が吉で午後は凶ともされます。いずれにしても、素早い行動が吉運を呼び込みます。

友引（ともびき）　ゆういん、とも読みます。「進まず引かず、勝負がつかない」の意味から、「どっちつかず」「吉凶なし」となります。「凶事に友を引く」「災いが友に及ぶ」ともいわれ、この日に葬儀を慎むことも多いでしょう。結婚や開店などの慶事は吉。朝と夕刻が吉で、昼（とくに正午）を凶とします。

先負（せんまけ）　せんぷ、せんぶ、さきまけ、とも読みます。「先んずれば負け」の日で、先勝と逆の意味になります。勝負事や訴訟、急ぎの用はひかえ、何事も急がず、ゆっくり受け身で物静かに過ごすことがよいとされます。午前中は凶、午後からは吉となります。

仏滅（ぶつめつ）
もともと中国での名称は「空亡」「虚亡」でした。「空しく亡ぶ」が転じて「物滅」となり、仏滅に変化したといいます。六曜のなかで大凶の日とされ、とくに移転や開店などの新規事は控えるべき日。ものを紛失しやすい日、この日に病めば長引きます。

大安（たいあん）
だいあん、とも読みます。「おおいに安んず」の意味で、六曜の中でもっとも大吉の日とされ、万事に吉。この日に新しく物事をはじめれば、「いい気」がついてその後も順調に運びます。結婚、移転、開店などのめでたいことに適していますが、中でも結婚はとくによい、とされます。

赤口（しゃっこう）
しゃっく、じゃっく、せきぐち、とも読みます。何事も支障が起こりやすく、とくに祝い事は大凶とされます。また、火の元や刃物の扱いに気をつけるべき日。さらに、午の刻（11〜13時）だけが吉でそのほかは凶とする説、9時〜15時まで吉とする説があります。

なお、六曜の並び順ですが、先勝・友引・先負・仏滅・大安・赤口が基本です。ただし、意外に思うかもしれませんが、6つの六曜が規則正しくくり返されるわけではありません。

☾六曜早見表

日付／順序	1月1日 7月1日	2月1日 8月1日	3月1日 9月1日	4月1日 10月1日	5月1日 11月1日	6月1日 12月1日
1	先勝	友引	先負	仏滅	大安	赤口
2	友引	先負	仏滅	大安	赤口	先勝
3	先負	仏滅	大安	赤口	先勝	友引
4	仏滅	大安	赤口	先勝	友引	先負
5	大安	赤口	先勝	友引	先負	仏滅
6	赤口	先勝	友引	先負	仏滅	大安

なぜなら、月ごとに並びの先頭が変わる、というルールがあるからです。

そのもとになるのが旧暦で、上の表のように六曜の先頭が決められています。

旧暦1月1日は先勝からスタート。旧暦2月1日は友引からスタート。以下、3月1日は先負、4月1日は仏滅、5月1日は大安、6月1日は赤口、7月1日はまた先勝に戻って同様に繰り返されます。

暦の六曜欄を見てみると、たとえば大安であれば、次の大安まで3日間しかない月もあれば、8日以上の間隔があくときがありますが、これは旧暦の1日から各六曜がスタートする、というルールがあるからです。

毎日の吉凶を表す十二直

北斗七星と北極星の位置関係が吉凶の鍵

十二直は「十二客」ともいい、中国から伝わった日の吉凶占いで、江戸時代の暦では中段に書かれていたことから「中段」とも呼ばれました。十二直は正倉院に収められている日本最古の暦『貝注暦』にも記載されている歴史ある暦注です。

十二直は、「建（たつ）」を先頭に「除（のぞく）・満（みつ）・平（たいら）・定（さだん）・執（とる）・破（やぶる）・危（あやぶ）・成（なる）・納（おさん）・開（ひらく）・閉（とず）」と続き、循環します。日への配当ルールは、先頭の建を、寅月（2月）なら立春後最初の寅の日に、卯月（3月）なら啓蟄後の最初の卯の日、辰月（4月）なら清明後の最初の辰の日に置く、というように続きます。十二直による吉凶は、旅行や種まき、結婚や争い事など、昔の人々の生活に重要な指針となりました。

十二直の吉凶の意味

建（たつ）　万物が建ち、物事が生じる日。棟上げ、開店、移転、結婚など、新規の事はじめに適する日です。旅行もよいでしょう。ただし、土を動かすことが凶なため、家の改築や樹木の植え替えは不適です。乗船も凶とされます。

除（のぞく）　悪しきことを除ける日。種まき、治療、神事などすべて吉。ものを捨てることや、すす払いにも適する日とされるため、大掃除の日とするのもよいでしょう。土を動かすことや結婚、蔵開きは凶です。

満（みつ）　天の蔵に宝物がいっぱいに満つる日で、万物が満ち溢れる日。移転、旅行、結婚、建築、開店、祝い事、種まきなどすべて吉です。ただし、土を動かすこと、薬を服用することは凶です。

平（たいら）　万物が平等平和に収まる日。いいかえると、よくも悪くも平らかになる日です。この日に相談にのってもらうと、物事が平和に片づく助言がもらえるのでよいでしょう。地固め、柱立て、祝い事は吉。穴掘りは凶です。

定（さだん）　物事が定まる日。結婚、移転、建築、開店、種まき、井戸掘りなどに吉とされます。ただし、訴訟、旅行、植木の植え替えは凶。

執（とる） 物事を執りおこなう日。五穀の刈り取り、物の買い入れ、結婚、建築、祝い事、井戸掘り、種まきは吉。金銭の出し入れ、蔵開き、財産整理は凶です。

破（やぶる） 突き破る日。訴訟や裁判などの争い事の場合は「突破できる」として吉です。また、出陣、狩りや漁をおこなう、薬を飲むなどもいい日とされます。一方、移転などの決め事は凶、結婚などの祝い事は「破れる」「傷つく」とされて大凶です。

危（あやぶ） 危険を暗示する日。旅行、乗り物、高所での作業は凶。酒造り、神をまつるなどは吉。何事も自重して過ごしたい日です。

成（なる） 物事が成就する日。商談、開店、結婚、建築、柱を立てる、土を動かすなど、とくに新しいことをおこなうのに吉。争い事は凶です。

納（おさん） 万事を収納するのにいい日。五穀を収める、結婚、商品の買い入れ、入学、建築が吉。葬儀や鍼灸治療は不適とされます。

開（ひらく） 天帝の使者が立ちはだかった難を開き、あとに続く者に道を開く日。習い事、開店、建築、移転、結婚に吉。葬儀は凶となります。

閉（とず） 陰陽の気が通じず、物事が閉じ込められる日。金銭の収納、墓を建てる、池や穴を埋めるなど、「閉じる」意味のある事柄は吉。結婚、開店など、今後の発展を望む事柄については避けたほうがよいでしょう。

☾ 十二直の吉凶一覧

十二直	吉凶	吉事	凶事
建	○	開店・移転・旅行・結婚	土を動かす・乗船
除	△	種まき・治療・神事	結婚・土を動かす
満	◎	移転・建築・結婚・開店	土を動かす・薬の服用
平	△	相談事・結婚など祝い事	穴掘り
定	○	結婚・開店・種まき・井戸掘り	訴訟・植木の植え替え
執	△	五穀の刈り入れ・結婚・建築	金銭の出し入れ・財産整理
破	×	訴訟・談判	結婚などの祝い事・ものの取り決め
危	×	酒造り・神事	旅行・高所での作業・運転
成	◎	商談・結婚・開店・建築	争い事
納	△	結婚・買い物・入学・建築	葬儀・鍼灸治療
開	◎	開店・結婚・習い事始め	葬儀
閉	×	金銭の収納・墓を建てる	新規事

※吉凶マークは、各十二直が持つ総合的な吉凶運です。△は事柄により吉凶がわかれます。

古代中国とインドで生まれた二十八宿

月の軌道を28分割して生み出された二十八宿

二十八宿は、紀元前の古代インドや中国で考案された天文学や占星術に用いられた手法のひとつで、月の運行が基本になります。

月は27・3日（約28日）で天空を一周します。その日、月の運行の道筋にある28の目だった星座（「距星（きょせい）」といいます）を基準に、月の軌道を28分割したのが、二十八宿です。「宿」の文字が使われるのは、月が1日ごとに各星座を通過する様子を、古代の人々は、旅の途中で宿に泊まるようにとらえたのかもしれません。

ちなみに、二十八宿の考え方は、中国から古代インドにわたり、そこで、二十七宿とかたちを変えます。そのわけは、宿名のひとつに「牛」があり、宗教上の理由で除かれたからです。二十七宿は、やがて中国に『宿曜経』として逆輸入され、その後、日本に伝わり、二十八宿とともに江戸時代初期まで日の吉凶を占う手段に用いられていました。しかし1

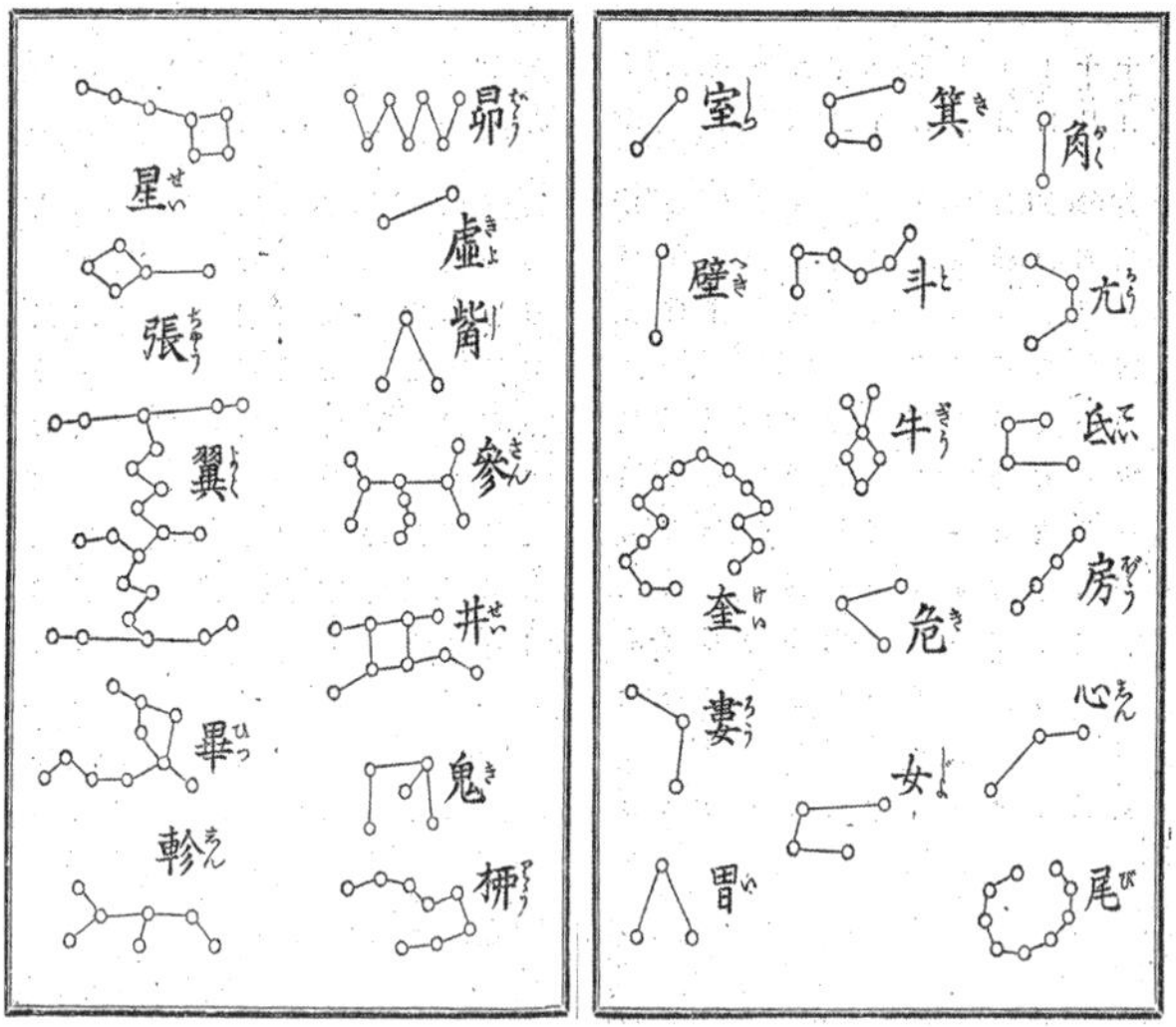

二十八宿図（「安部晴明簠簋内傳圖解」東京神誠館 1912年）

６８５年の「貞享暦」への改暦で、二十八宿を採用。万人向けの暦として日の吉凶を求めるには、二十八宿の理論のほうが向いていたからです。

二十八宿は、東西南北を守護する四神とともに、七宿ずつ振りわけられています。四神とは、東＝青龍、北＝玄武、西＝白虎、南＝朱雀です。高松塚古墳の石室の壁に四神が、天井に二十八宿の図が描かれていることが知られていますが、この頃から時の権力者たちは天運を味方にしようとしていたのです。

東方（青龍）角・亢・氐・房・心・尾・箕
北方（玄武）斗・牛・女・虚・危・室・壁
西方（白虎）奎・婁・胃・昴・畢・觜・参
南方（朱雀）井・鬼・柳・星・張・翼・軫

東方・青龍七宿

角（かく）〔すぼし〕　距星はおとめ座のアルファ星。衣類の仕立て、柱立て、造作、井戸掘り、結婚などの祝い事は吉の日。葬儀には大凶。

亢（こう）〔あみぼし〕　距星はおとめ座カッパ星。祝い事、婚約、種まき、衣類の仕立て吉。造作、移転、旅行は凶。

氐（てい）〔ともぼし〕　距星はてんびん座アルファ星。結婚、開店開業、家屋の移転など大吉。衣類の購入、新しい衣類を着るのは凶。

房（ぼう）〔そいぼし〕　距星はさそり座のパイ星。結婚、旅行、神事、棟上げ、衣類の着はじめなどすべてに大吉。

心（しん）〔なかごぼし〕　距星はさそり座シグマ星。神仏祭祀や帰省は吉。そのほか、旅行、移転、建築、葬儀など凶。

尾（び）〔あしたれぼし〕　距星はさそり座ミュー星。結婚、開店開業に大吉。造作も吉。衣類の仕立てや、新しい衣類を着はじめるのは凶。

箕（き）〔みぼし〕　距星はいて座ガンマ星。開店、普請、造作、衣類の仕立て、着はじめに大吉。葬儀は凶。

☽ 北方・玄武七宿

斗（と）〔ひつぎぼし〕　距星はいて座ファイ星。吉日。衣類の仕立てや、造作、井戸掘りなど建築事に大吉。

牛（ぎゅう）〔いみなぼし〕　距星はやぎ座ベータ星。神仏の参詣や、供養に吉。ほかのことには、この日は用いないほうがよい。

女（じょ）〔うるきぼし〕　距星はみずがめ座イプシロン星。悪日。普請、開店、移転などすべて凶。葬式は大凶。芸事をおこなうには吉。

虚（きょ）〔とみてぼし〕　距星はみずがめ座ベータ星。何事も大悪日となる大凶の日。とくに普請、造作、葬式は避けるべし、とされます。

危（き）〔うみやめぼし〕　距星はみずがめ座アルファ星。悪日。とくに結婚、造作、移転、衣類の仕立てなどに凶。

室（しつ）〔はついぼし〕　距星はペガスス座アルファ星。普請、造作、結婚、祝い事は大吉。衣類の仕立て、葬式は大凶。

壁（へき）〔やまめぼし〕　距星はペガスス座ガンマ星。大吉日。家屋の新築、造作、結婚、衣類の仕立て、着はじめすべてに吉。

西方・白虎七宿

奎（けい）〔とかきぼし〕　距星はアンドロメダ座ゼータ星。衣類の仕立てに大吉。衣類の新調、井戸掘り、芸事はじめは吉。造作、移転などは凶。なお、開店については吉凶説がわかれます。

婁（ろう）〔たたらぼし〕　距星はおひつじ座ベータ星。大吉日。衣類の仕立て、着はじめ、結婚、造作などすべて吉。

胃（い）〔えきえぼし〕　距星はおひつじ座35番星。万事に凶の大悪日。とくに普請、衣類の仕立て、葬儀は大凶。

昴（ぼう）〔すばる〕　距星はおうし座17番星。すべてに用いてよい大吉日。

畢（ひつ）〔あおめふりぼし〕　距星はおうし座イプシロン星。大吉日。とくに普請、造作、家の移転など建築事に吉。神社仏閣詣でにも吉。

觜（し）〔とろきぼし〕　距星はオリオン座ラムダ星。大悪日。万事に用いてはならないとされ、とくに衣類の仕立ては凶といいます。

参（しん）〔からすきぼし〕　距星はオリオン座ゼータ星。結婚、縁談、契約、開店、普請増築など吉。葬式や埋葬は凶。

南方・朱雀七宿

井(せい)〔ちちりぼし〕　距星はふたご座ミュー星。平安日。結婚、井戸掘り、造作は吉。衣類の仕立て、葬式は凶。

鬼(き)〔たまおのぼし〕　距星はかに座シータ星。すべてに吉。新規開店、建築、移転、旅行、祭りなど吉。

柳(りゅう)〔ぬりこぼし〕　距星はうみへび座デルタ星。平安日。修繕、種まきは吉。結婚、井戸掘り、葬式は凶。

星(せい)〔ほとおりぼし〕　距星はうみへび座アルファ星。悪日。結婚などの祝い事、種まき、衣類の仕立て、葬式などはとくに凶。

張(ちょう)〔ちりこぼし〕　距星はうみへび座ウプシロン星。吉日。結婚は大吉。衣類の仕立て、着はじめ、造作、移転なども吉。

翼(よく)〔たすきぼし〕　距星はコップ座アルファ星。悪日で万事に凶。ただし、種まき、樹木の植え替えには吉。

軫(しん)〔みつかけぼし〕　距星はからす座ガンマ星。吉日。結婚、棟上げ、土地建物の購入、移転は吉。衣類の仕立ては凶。

☾二十八宿の吉凶一覧

方位	二十八宿	吉凶	吉事	凶事
東方・青龍	角	△	衣類の仕立て・結婚・祝い事	葬儀
	亢	△	婚約・種まき・祝い事	移転・造作・旅行
	氐	△	結婚・開店開業・移転	衣類の購入・着はじめ
	房	◎	結婚・棟上げなどすべて	とくになし
	心	×	神仏祭祀・帰省	移転・建築・葬儀
	尾	△	結婚・開店開業	衣類の仕立て・着はじめ
	箕	△	開店・造作・衣類の仕立て	葬儀
北方・玄武	斗	○	衣類の仕立て・造作・建築	とくになし
	牛	○	神仏の参詣・供養	ほかのことには用いない
	女	×	芸事	新規事・葬儀
	虚	×	なし	万事凶
	危	×	なし	結婚・造作・移転・衣類の仕立て
	室	△	建築・造作・結婚・祝い事	衣類の仕立て・葬儀
	壁	◎	新築・造作・結婚・衣類の仕立て	とくになし

※吉凶マークは、各十二直が持つ総合的な吉凶運です。△は事柄により吉凶がわかれます。

西方・白虎	奎	△	衣類の仕立て・芸事はじめ	造作・移転
	婁	◎	結婚・造作・衣類の仕立て	とくになし
	胃	×	なし	万事凶（普請・衣類の仕立て・葬儀）
	昴	◎	万事吉	とくになし
	畢	◎	建築・移転・神仏の参詣	とくになし
	觜	×	なし	万事凶（とくに衣類の仕立て）
	参	△	結婚・縁談・契約・開店・建築	葬儀・埋葬
南方・朱雀	井	○	結婚・井戸掘り	葬儀・衣類の仕立て
	鬼	◎	万事吉（とくに神仏祭祀）	とくになし
	柳	△	修繕・種まき	結婚・井戸掘り・葬儀
	星	×	なし	万事凶（とくに結婚・葬儀）
	張	○	結婚・衣類の仕立て・移転	とくになし
	翼	×	種まき・樹木の植え替え	上記以外は凶
	軫	○	結婚・棟上げ・土地建物の購入	衣類の仕立て

「選日」を活用してよい日柄を知ろう

干支の特別な並び方からなる選日

六曜、十二直、二十八宿などのほかにも、お日柄選びの参考になるものがあります。それが選日で、一般に「一粒万倍日、不成就日、三隣亡、天一天上、天赦日、三伏日、土公神、八専、十方暮」をいいます。（土公神、八専、十方暮を選日に入れないこともあります）。いずれも、その日に割り当てられている十干や十二支の組み合わせから特別な意味を持つ日があらかじめ算出され、暦に記載されています。

それぞれの選日が持つ意味は、以下のようになります。

一粒万倍日　「一粒の種が万倍に実る」の意味があるめでたい日。とくに仕事はじめ、種まき、開業など、大きな発展をのぞむ事柄によいとされます。反対に、この日にお金やものを借りると、「万倍を返す」ことになり、苦労が増えるといわれます。一粒万倍日は各月に配されています。

不成就日　「物事が成就しない日」とされます。

三隣亡　普請、棟上げ、移転、土おこしなどの建物にまつわることが凶とされます。

天一天上　60種類の干支の中の「癸巳」「戊申」までの16日間を指します。この間は、天一神（地霊の神）が天へ昇っているため、凶方位の災いが起こらないとされます。ただし交渉事や争い事は凶です。

天赦日　季節の十二支と日の十二支の関係が良好な日で、お日柄を見るときのもっともよい日とされ、とくに結婚や開業、事はじめは大吉といわれます。天赦日の取り方にはいくつかありますが、一般には次の方法が採用されます。

春（寅月、卯月、辰月）＝戊寅の日、夏（巳月、午月、未月）＝甲午の日、秋（申月、酉月、戌月）＝戊申の日、冬（亥月、子月、丑月）＝甲子の日。

三伏日　夏至以降の三番目の庚の日が初伏、次の庚の日が中伏、立秋後すぐの庚の日が末伏で、あわせて三伏といいます。夏至から立秋まもない頃は夏の盛りで、この間を五行に置き換えると「火性」。一方、庚は金の性ですから、金は火に溶かされてしまいます。このことから、三伏日を凶の日ととらえ、とくに種まき、治療、結婚などを慎む習慣があります。

土公神　土を守護する神で、季節の土気を守ります。「春は台所、夏は門、秋は井戸、冬は井戸」に土公神が鎮座すると考えられ、それぞれの季節にその場所を動かせば、物事に支障が起こるとされました。

八専　物事が何かと順調に運ばない12日間とされます。「物事が順調に運ばない」理由は、日の干支にあります。干支は、十干と十二支の組み合わせで構成されていますが、十干も十二支も、それぞれ五行に割り当てることができます。八専は「壬子」から「癸亥」までの12日間を指し、この間に同じ五行の干支が8つ（壬子、甲寅、乙卯、丁巳、己未、庚申、辛酉、癸亥）と集中することから、バランスを欠くため忌避されました。八専の12日間は年に6回あります。昔は、この期間中の結婚、増改築、仏事などは延期するようにすすめられました。

十方暮　十方とは「天地八方」の意味で、「苦労が多いわりには報われない期間」とされ、「途方に暮れる」という言葉が語源ともいわれます。交渉事や縁談などはまとまりにくく、旅行も慎むべき、とされました。十方暮は、甲申の日から癸巳の日までの10日間を指します。この10日間には、干支が戦い合う関係の五行の組み合わせ（相剋）が8つ（甲申、乙酉、丁亥、戊子、庚寅、辛卯、壬辰、癸巳）もあることから、忌み嫌われました。

テーマ別「お日柄」活用法

手軽に暦を使いこなそう

たとえば、習い事をはじめるなら、どの日からスタートするのがいい？　クラス会でみんなが盛り上がれる日は？　テーマに合ったよいお日柄を選ぶのは、意外に頭を悩ませるものです。複数の人がかかわる場合は、とくにそうでしょう。

けれど、そんなときこそ、パブリック情報の出番です。みんなが楽しく過ごせる日、自分にとって縁起のよい日を、暦を使って選びましょう。

その場合、これまでのページを参考にしながら日取りをしていただくのがよいのですが、少し面倒……と思う方がいらっしゃるかもしれません。そこで、一目瞭然に吉凶がわかる「テーマ別　お日柄選び一覧表」を、もうけました。身近なテーマが満載ですから、きっと毎日の生活に役立てることができると思います。昔の人の知恵を借りながら、グッドタイミングのお日柄を、ぜひ選んでください。

※表の白枠が吉。斜線入りは凶。その他は吉凶なし。

大吉日と大凶日

Q どんな場合でもお日柄のいい日と、万事にNGな日は?

六曜

先勝	友引	先負
仏滅	大安	赤口

十二直

建	除	満
平	定	執
破	危	成
納	開	閉

二十八宿

角	亢	氐	房
心	尾	箕	斗
牛	女	虚	危
室	壁	奎	婁
胃	昴	畢	觜
参	井	鬼	柳
星	張	翼	軫

選日

一粒万倍日	天一天上	天赦日	不成就日
三隣亡	三伏日	八専	十方暮

※表の白枠が吉。斜線入りは凶。その他は吉凶なし。

冠婚葬祭編

Q 結婚式、見合い、デート、祝い事…慶事に適した日は?

六曜

先勝	友引	先負
仏滅	大安	赤口

十二直

建	除	満
平	定	執
破	危	成
納	開	閉

二十八宿

角	亢	氐	房
心	尾	箕	斗
牛	女	虚	危
室	壁	奎	婁
胃	昴	畢	觜
参	井	鬼	柳
星	張	翼	軫

選日

一粒万倍日	天一天上	天赦日	不成就日
三隣亡	三伏日	八専	十方暮

※表の白枠が吉。斜線入りは凶。その他は吉凶なし。

冠婚葬祭編

Q 葬儀、法事、墓参り…神事や仏事に適した日は？

六曜

先勝	~~友引~~	先負
仏滅	大安	赤口

十二直

建	除	満
平	定	執
破	~~危~~	成
納	~~開~~	閉

二十八宿

~~角~~	亢	氐	房
~~心~~	尾	~~箕~~	斗
牛	~~女~~	~~虚~~	~~危~~
~~室~~	壁	奎	婁
~~胃~~	昴	畢	~~觜~~
~~参~~	~~井~~	鬼	~~柳~~
~~星~~	張	~~翼~~	軫

選日

一粒万倍日	天一天上	天赦日	~~不成就日~~
三隣亡	三伏日	~~八専~~	十方暮

※表の白枠が吉。斜線入りは凶。その他は吉凶なし。

事はじめ編

Q 就職、転職、事業、習い事、各種契約…何かをはじめるのに適した日は?

六曜

先勝	友引	先負
仏滅	大安	赤口

十二直

建	除	満
平	定	執
破	危	成
納	開	閉

二十八宿

角	亢	氐	房
心	尾	箕	斗
牛	女	虚	危
室	壁	奎	婁
胃	昴	畢	觜
参	井	鬼	柳
星	張	翼	軫

選日

一粒万倍日	天一天上	天赦日	不成就日
三隣亡	三伏日	八専	十方暮

※表の白枠が吉。斜線入りは凶。その他は吉凶なし。

頼みごと編

Q お金の貸し借り、仲直り、商談…相談するのに適した日は？

六曜

先勝	友引	先負
仏滅	大安	赤口

十二直

建	除	満
平	定	執
破	危	成
納	開	閉

二十八宿

角	亢	氐	房
心	尾	箕	斗
牛	女	虚	危
室	壁	奎	婁
胃	昴	畢	觜
参	井	鬼	柳
星	張	翼	軫

選日

一粒万倍日	天一天上	天赦日	不成就日
三隣亡	三伏日	八専	十方暮

※表の白枠が吉。斜線入りは凶。その他は吉凶なし。

建築編

Q 新居、リフォーム、引っ越し、土地購入…家にまつわることをはじめるのにいい日は？

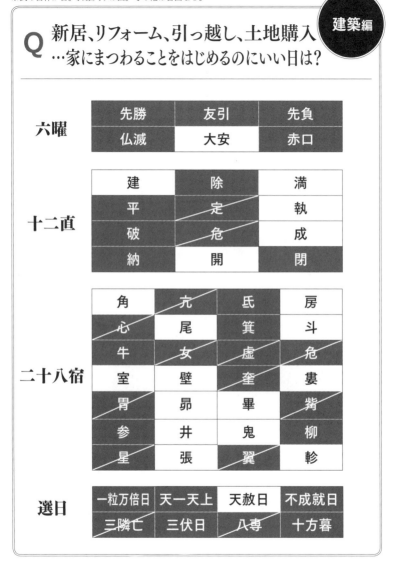

六曜

先勝	友引	先負
仏滅	大安	赤口

十二直

建	除	満
平	定	執
破	危	成
納	開	閉

二十八宿

角	亢	氐	房
心	尾	箕	斗
牛	女	虚	危
室	壁	奎	婁
胃	昴	畢	觜
参	井	鬼	柳
星	張	翼	軫

選日

一粒万倍日	天一天上	天赦日	不成就日
三隣亡	三伏日	八専	十方暮

※表の白枠が吉。斜線入りは凶。その他は吉凶なし。

旅行編

Q 友だちや家族との旅行、社員研修、留学、転勤…出発日を選ぶとしたら？

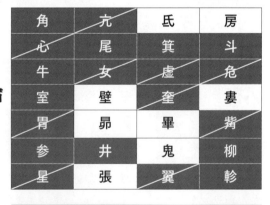

六曜

先勝	友引	先負
仏滅	大安	赤口

十二直

建	除	満
平	定	執
破	危	成
納	開	閉

二十八宿

角	亢	氐	房
心	尾	箕	斗
牛	女	虚	危
室	壁	奎	婁
胃	昴	畢	觜
参	井	鬼	柳
星	張	翼	軫

選日

一粒万倍日	天一天上	天赦日	不成就日
三隣亡	三伏日	八専	十方暮

※表の白枠が吉。斜線入りは凶。その他は吉凶なし。

初おろし編

Q 服、靴、バッグ、歯ブラシ、枕…身の回りの品をはじめて使うならどの日？

六曜

先勝	友引	先負
仏滅	大安	赤口

十二直

建	除	満
平	定	執
破	危	成
納	開	閉

二十八宿

角	亢	氐	房
心	尾	箕	斗
牛	女	虚	危
室	壁	奎	婁
胃	昴	畢	觜
参	井	鬼	柳
星	張	翼	軫

選日

一粒万倍日	天一天上	天赦日	不成就日
三隣亡	三伏日	八専	十方暮

運勢を読み解くポイント

万人に共通の運と、個人的運

これまで、あなたの行動から導かれるよりよいものにするために、「とき（年運・月運・日運）」「場所（方位）」「相手（相性）」をどのようにして選択していけばいいかを解説してきましたが、ここで改めて、運勢を読み解くポイントを紹介しておきましょう。

この第四章では、冠婚葬祭や旅行、何かの貸し借りや交渉事など、自分を含めたみんなでおこなうこと、他人がかかわることのお日柄を知ることができます。六曜や十二直、二十八宿など、古くから伝わる暦注から読み取れる、万人に共通の吉凶占いといえます。

そしてそれぞれの人の個人的な運勢は、第五章「自分だけの運勢を見るポイント」で解説しています。パーソナル（個人的）な運勢は、本命星である「九星から見た運気」と行動の指針となる「方位」、「十二支から見た運気」がポイント。これを踏まえたうえで、パブリックなお日柄がよければ、なおよいことになります。ですから「大安だけどわたしには最低！」「仏滅だけどわたしには最高！」という日もあります。

優先順位を「誰」に置くかが問題ですが、「わたし」のために占うならパーソナル運の吉凶を優先しましょう。

お日柄選びで大切なこと

お日柄などのタイミング選びでは、「誰」を主体に置いて占うかがとても重要です。たとえば親しい相手について占う場合、ふたりとも運気がいい日こそ最高ですが、「わたしの運気は◎だけど、相手は×」「両方とも△」「わたしは△だけど、相手は○」「わたしは○だけど、相手は×」など、さまざまなパターンが考えられます。この場合、誰に優先順位を置くかがポイントです。

基本的には自分のために占うパーソナル運ですから、「わたし」を主体に考えます。そして大切なことは、凶を避け、少しでも吉運となるタイミングを選ぶことです。もし年運が悪ければ月運のいいときを選び、行動しなければならない月が凶運なら、日運のいい日を選びましょう。

お日柄選びで迷ったら

本来、暦は「タテ」に読まないことが原則です。パブリックなお日柄を選ぶ際は、「わたしは六曜」「わたしは十二直」「わたしは二十八宿」というように自分が気になる暦注を定め、その運勢を見るようにしましょう。

お日柄選びで迷った場合、次の順で運勢を考えてみてください。

(1) 九星&十二支でパーソナル運を見る。
(2) 凶日とされるパブリックな暦注を避ける。
たとえば、基本的に「凶」とされる選日の「不成就日」「三隣亡」、六曜の「仏滅」、十二直の「危」「破」、二十八宿の「胃」「觜」「虚」「女」があれば除きます。
(3) 共通の吉日、あるいは目的によっていい吉日を選ぶ。
基本的に「吉」とされる選日の「一粒万倍日」「天赦日」、六曜の「大安」、十二直の「満」「成」「開」、二十八宿の「房」「斗」「鬼」「壁」「婁」「昴」「張」「畢」などがあれば選びましょう。

凶と吉が同席しているときは、原則として候補日から外します。「凶を避ける」ということが何よりも大切なのです。

自分で選べるのが、方位

運勢のリズムは変更できませんが、「方位」の吉凶は「自分で運を選ぶ」ことができます（くわしくは第五章参照）。移転や新築、開業、取引、旅行、デート、買い物など「どこかの場所へ向かう」行為は、あなたが吉方位を選べば、吉運の作用を得られるからです。逆に、凶方位を選択すると、せっかくお日柄がよくても凶運の作用で何事もうまくいきにくくなるため、注意が必要です。

ただ、自分が「行きたい方位」と「行ける方位」が同じとは限りません。転居や旅行など、行きたい方位を自分で選べる場合は、「凶方位は避ける」「残った方位から吉方位か、なければ吉凶相反の（どちらでもない）方位を選ぶ」ことが大切です。転居など、やむを得ず凶方位へ行く場合は、できる限りお日柄のいいときを選びましょう。

行動するタイミングがきまっているなら、できる限り吉方位を選び、逆に出かける場所が決まっているなら、その方位が吉方位になるタイミングを選ぶ工夫が必要です。

大切なことは、凶方位や凶運のときを避け、少しでも吉方位や吉運のお日柄を選ぶこと。「凶」が重ならないお日柄選び、方位選びを心がけることこそ、よりよい結果を導き出すことにつながります。

付録 六十干支表

1	甲子（きのえね）	21	甲申（きのえさる）	41	甲辰（きのえたつ）
2	乙丑（きのとうし）	22	乙酉（きのととり）	42	乙巳（きのとみ）
3	丙寅（ひのえとら）	23	丙戌（ひのえいぬ）	43	丙午（ひのえうま）
4	丁卯（ひのとう）	24	丁亥（ひのとい）	44	丁未（ひのとひつじ）
5	戊辰（つちのえたつ）	25	戊子（つちのえね）	45	戊申（つちのえさる）
6	己巳（つちのとみ）	26	己丑（つちのとうし）	46	己酉（つちのととり）
7	庚午（かのえうま）	27	庚寅（かのえとら）	47	庚戌（かのえいぬ）
8	辛未（かのとひつじ）	28	辛卯（かのとう）	48	辛亥（かのとい）
9	壬申（みずのえさる）	29	壬辰（みずのえたつ）	49	壬子（みずのえね）
10	癸酉（みずのととり）	30	癸巳（みずのとみ）	50	癸丑（みずのとうし）
11	甲戌（きのえいぬ）	31	甲午（きのえうま）	51	甲寅（きのえとら）
12	乙亥（きのとい）	32	乙未（きのとひつじ）	52	乙卯（きのとう）
13	丙子（ひのえね）	33	丙申（ひのえさる）	53	丙辰（ひのえたつ）
14	丁丑（ひのとうし）	34	丁酉（ひのととり）	54	丁巳（ひのとみ）
15	戊寅（つちのえとら）	35	戊戌（つちのえいぬ）	55	戊午（つちのえうま）
16	己卯（つちのとう）	36	己亥（つちのとい）	56	己未（つちのとひつじ）
17	庚辰（かのえたつ）	37	庚子（かのえね）	57	庚申（かのえさる）
18	辛巳（かのとみ）	38	辛丑（かのとうし）	58	辛酉（かのととり）
19	壬午（みずのえうま）	39	壬寅（みずのえとら）	59	壬戌（みずのえいぬ）
20	癸未（みずのとひつじ）	40	癸卯（みずのとう）	60	癸亥（みずのとい）

第五章

興運に導く本命星の生かし方

暦で読み取る自分の運勢

自分だけの運勢を見るポイント

自分だけの運勢（＝パーソナル運）を知るには、まず自分自身の本命星を把握しておくことが大切です。本命星の出し方は２０９ページをご参照ください。

本命星がわかると、それぞれの本命星（九星）ごとの運勢を知ることができます。『九星幸運暦』を例に取り、「運勢暦」にどんな情報が盛り込まれているかを説明しましょう。

まず、エリアＡの部分は運勢情報です。棒グラフは、その年の運勢と毎月の運勢レベルをあらわしたものです。右側にあるのは、年度運と生まれ年の干支です。この干支からも運勢を読み解くことができます（くわしくは２５２ページ〜をご覧ください）。

エリアＢの部分は方位情報です。方位の吉凶を知ることは、引っ越しや旅行だけでなく、「よい気」を受けて幸運体質になる、ラッキーアクションの助けにもなります。

エリアＡ　運勢情報
①その年の運気がわかります。
②その年の、毎月の運勢がわかります。
③生まれ年の干支

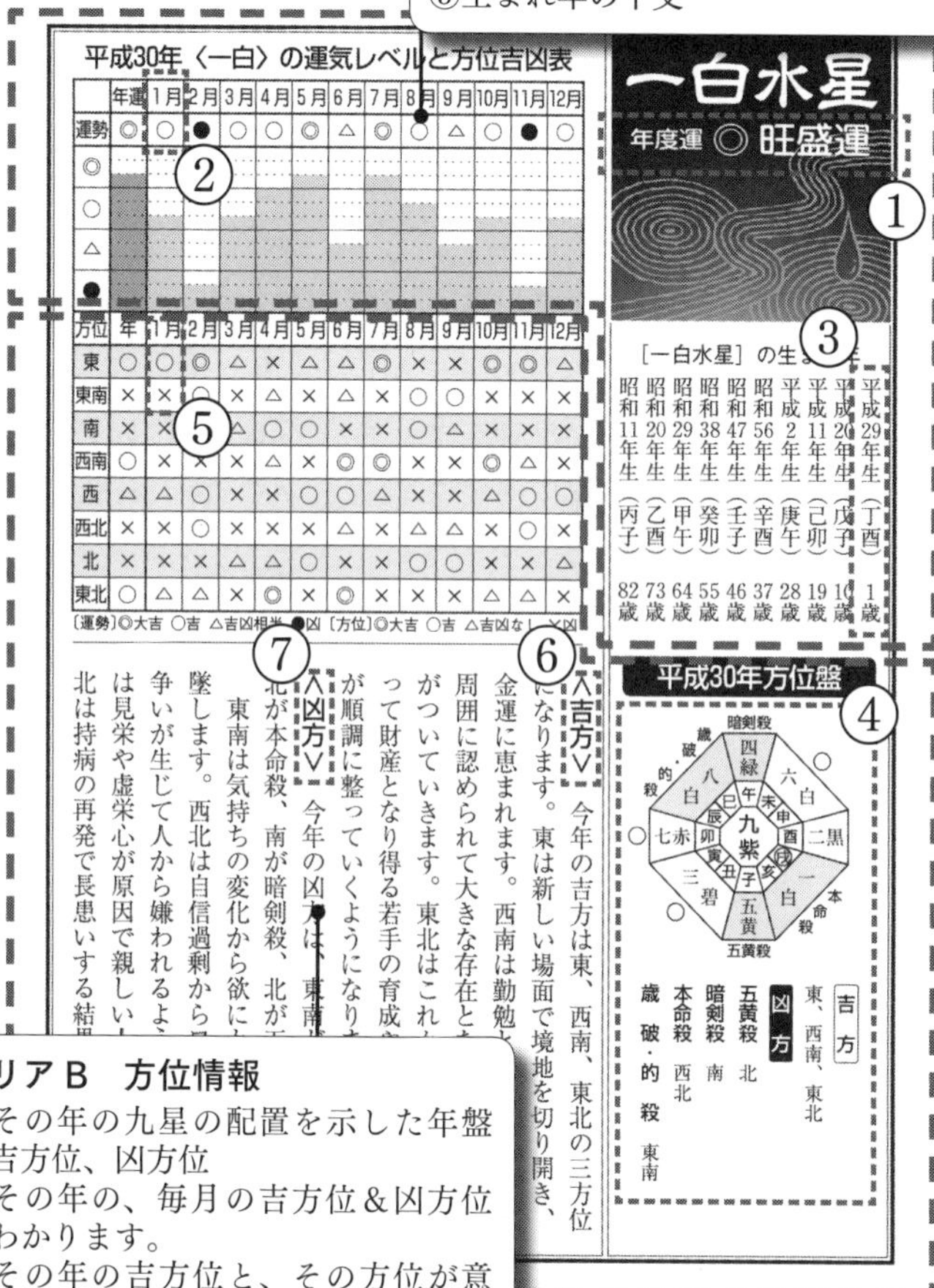

平成30年〈一白〉の運気レベルと方位吉凶表

	年運	1月	2月	3月	4月	5月	6月	7月	8月	9月	10月	11月	12月
運勢	◎	○	●	○	○	◎	△	◎	○	△	○	●	○

方位	年	1月	2月	3月	4月	5月	6月	7月	8月	9月	10月	11月	12月
東	○	○	◎	△	×	△	△	◎	×	×	◎	◎	△
東南	×	×	○	×	△	×	△	×	○	○	×	×	×
南	×	×	[illegible]	△	○	○	×	×	○	△	×	×	×
西南	○	×	×	×	△	×	◎	◎	×	×	◎	△	×
西	△	△	○	×	×	○	○	△	×	×	△	○	○
西北	×	×	○	×	×	×	△	×	△	△	×	○	×
北	×	×	×	△	△	○	×	×	○	○	×	×	△
東北	○	△	△	×	◎	×	◎	×	×	×	△	△	×

〔運勢〕◎大吉　○吉　△吉凶相半　●凶〔方位〕◎大吉　○吉　△吉凶なし　×凶

一白水星
年度運 ◎ 旺盛運

［一白水星］の生まれ年

平成29年生（丁酉）1歳
平成20年生（戊子）10歳
平成11年生（己卯）19歳
平成2年生（庚午）28歳
昭和56年生（辛酉）37歳
昭和47年生（壬子）46歳
昭和38年生（癸卯）55歳
昭和29年生（甲午）64歳
昭和20年生（乙酉）73歳
昭和11年生（丙子）82歳

平成30年方位盤

吉方　東、西南、東北

凶方
五黄殺　北
暗剣殺　南
本命殺　西北
歳破・的殺　東南

〈吉方〉今年の吉方は東、西南、東北の三方位になります。東は新しい場面で境地を切り開き、金運に恵まれます。西南は勤勉と…周囲に認められて大きな存在と…がついていきます。東北はこれ…って財産となり得る若手の育成…が順調に整っていくようになり…

〈凶方〉今年の凶方は、東南…北が本命殺、南が暗剣殺、北が…

東南は気持ちの変化から欲に…墜します。西北は自信過剰から…争いが生じて人から嫌われるよ…は見栄や虚栄心が原因で親しい…北は持病の再発で長患いする結果…

エリアＢ　方位情報
④その年の九星の配置を示した年盤と吉方位、凶方位
⑤その年の、毎月の吉方位＆凶方位がわかります。
⑥その年の吉方位と、その方位が意味する内容。
⑦その年の凶方位と、その方位が意味する内容。

『九星幸運暦 2018 戊戌　九紫火星』（徳間書店）より

九星の考え方の基本

易の八卦（はっか）と陰陽思想が九星のルーツ

パーソナル運を知るうえで大きな柱となるのが、「一白水星、二黒土星、三碧木星、四緑木星、五黄土星、六白金星、七赤金星、八白土星、九紫火星」からなる九星（実在の星ではない）です。九星のもとになる理論は、聖徳太子や推古天皇の時代に中国から伝わり、その後、研鑽されて、日本独特の九星占いとなりました。

九星のもとになる考え方は、易の「八卦」です。八卦を知っておけば、九星から導き出される運勢や方位のことをより深く読み解くことができます。

八卦は、「万物の現象は８つに分類できる」とする考え方で、紀元前３０００年頃、古代中国の王・伏羲（ふぎ）によって考案されたといわれています。そして、「乾（けん）・兌（だ）・離（り）・震（しん）・巽（せん）・坎（かん）・艮（ごん）・坤（こん）」の８分類の導くのが易の陰陽観「陰陽思想」です。陰陽思想とは、「すべてのものは陰と陽の二極にわけられる」という二元相対論的な考え方です。例えば、１

☾ 八卦のなりたち

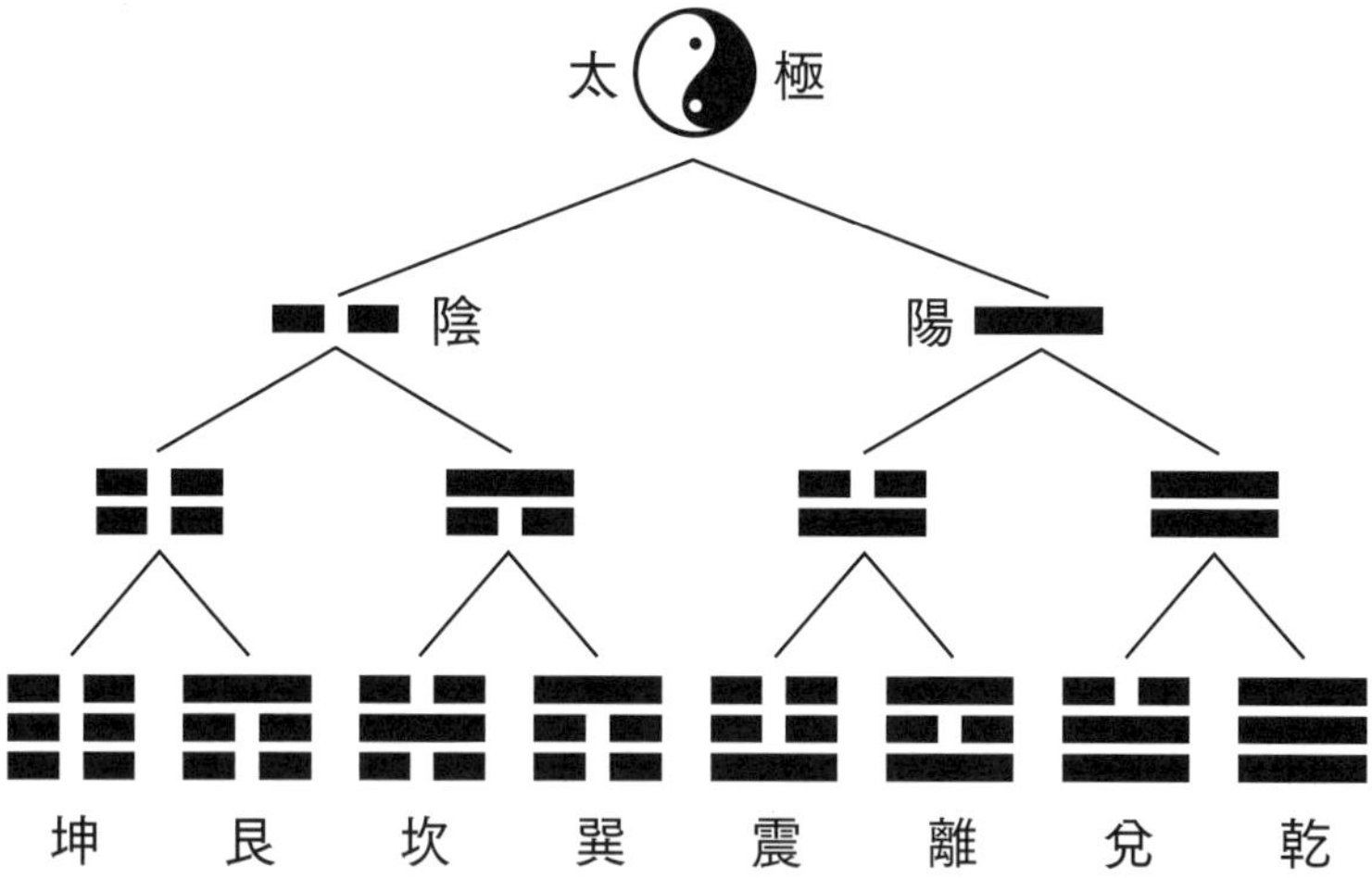

日であれば昼と夜があり、人間でいえば男と女がいます。このように、どんなものも、あるひとつを基準にとれば、必ずそこから陰と陽にわけられるのです。

八卦は、この陰陽思想がもとになって生まれましたが、その成り立ちはこうです。

宇宙は最初、「混沌」と呼ばれる世界でした。これを太極といいます。そのうち、太陽から「上昇する気」と「下降する気」の2つの気が飛び出します。これが陰陽のはじまりです。陽の気はさらに陰と陽の2つにわかれ、陰の気もやはり2つにわかれる……こうして2つにわかれることが3回くり返され、八卦になったのです。

五行思想と八卦の関係

相性や吉凶方位を導く五行の法則

八卦は、陰陽思想だけでなく「五行思想」にも密接にかかわります。

五行思想は、万物は「木・火・土・金・水」という5つの要素に分類できるとする考え方です。そして五行思想は万物を5分類するだけでなく、「木は火を生じ、火は土を生じ、土は金を生じ、金は水を生じ、水は木を生じ……」と、互いを生み出す「相生」の関係による循環の法則と、「木は土を剋し、土は水を剋し、水は火を剋し、火は金を剋し、金は木を剋す……」と、互いに戦い傷つけあう「相剋」の関係による相互コントロールの法則を含んでいます。

干支や八卦を含む森羅万象にこの五行を配当し、あらゆる物事や関係性に五行の法則を適用することで、相性や吉凶方位が導き出されるのです。

五行相関図

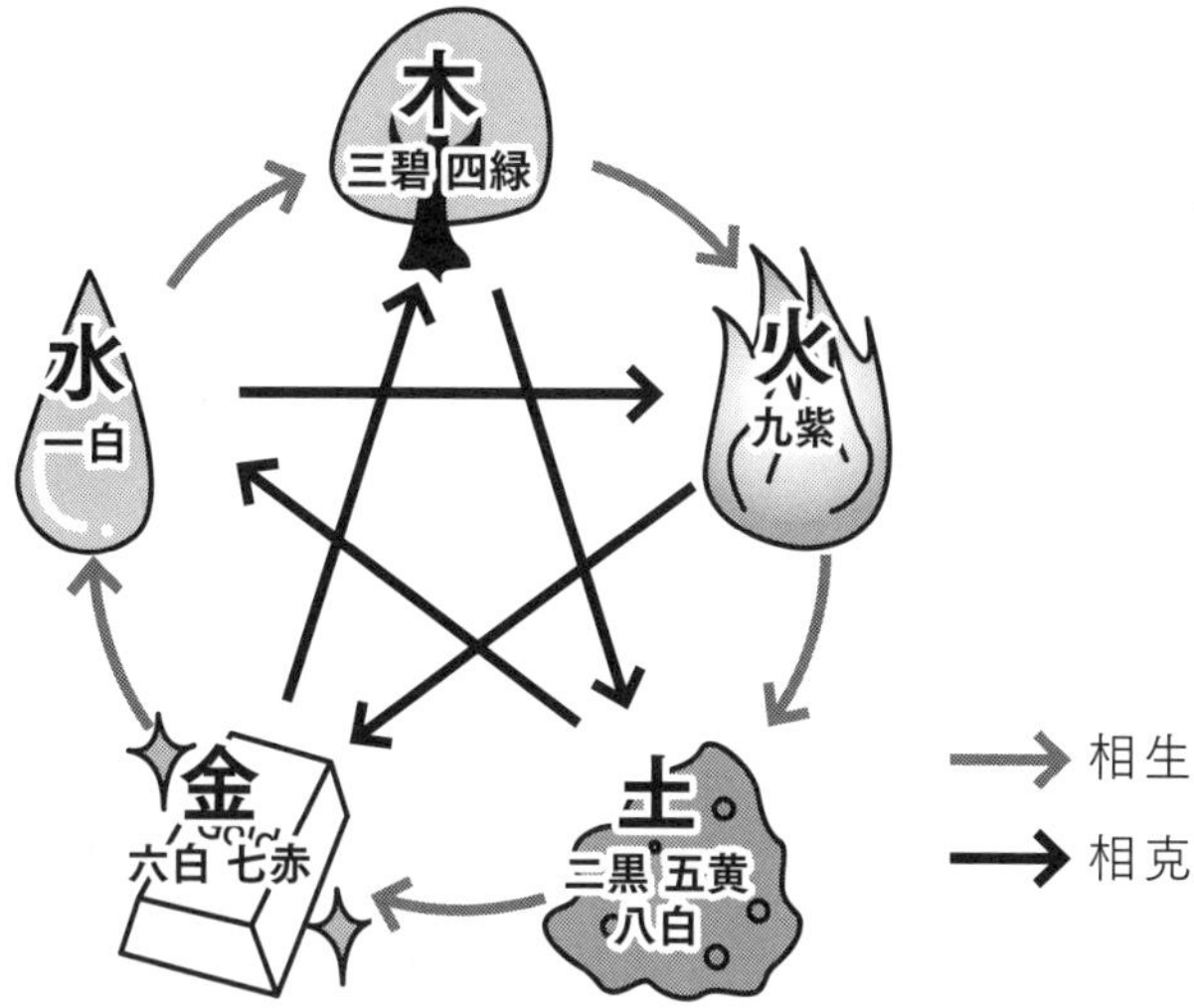
木
三碧 四緑
火
九紫
土
二黒 五黄
八白
金
六白 七赤
水
一白
相生
相克

八卦図

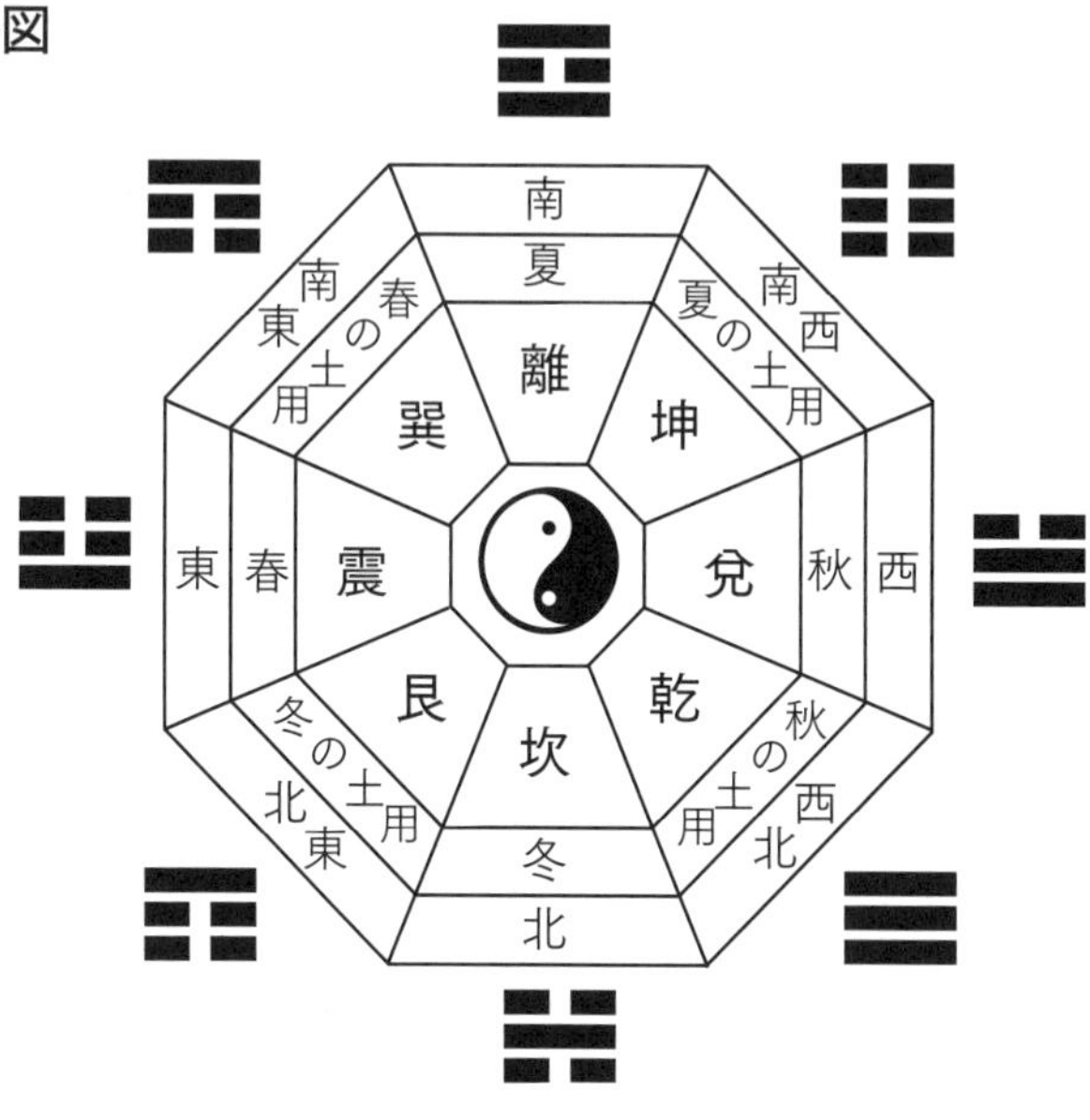
南
夏
離
南東
春の土用
巽
南西
夏の土用
坤
東
春
震
兌
秋
西
艮
冬の土用
北東
坎
冬
北
乾
秋の土用
西北

九星が教えるあなたの運勢

自分の本命星（九星）とは

あなたの本命星は、生まれた瞬間に受けた「大気の気」によって9つの星（九星）から割り当てられます。そして、どんな運気を持っているのか。星の名称にもあらわされています。

まず、星についている一～九までの数。これは、人生の大きな流れをあらわしたものと解釈するとよいでしょう。一は充電期、二は基礎を固めるとき、三は勢いよくスタートするとき、四は信用を得るとき、五は中間地点で来し方行く末を考えるとき、六は今までの実績を武器に大いに働くとき、七はリラックスしてプライベートを楽しむとき、八は生活を立て直すとき、九はこれまでの努力が評価されるとき。

そして、水星は水の性を、木星は木の性を、土星は土の性を、金星は金の性を、火星は火の性を表わし、いずれも九星に配当された五行をあらわします。

九星の名称にある三碧木星の碧、四緑木星の緑、五黄土星の黄、六白金星の白は、ダイレクトにその星の色を示していますが、それ以外の一白水星・二黒土星・七赤金星・八白土星・九紫火星が持つ色は、名称の色とは違います。その理由は、はっきりとはわかっていませんが、季節によって移り変わる大自然の色をあらわしているとも考えられていま す。

さて、一～九までの数は、人生の流れをあらわしていると書きましたが、それが先に（59・61ページ）触れた運勢の階段リズムです。9つを1単位として一定のリズムでくり返されている九星の運勢リズムは、改めてしっかりと頭にいれておきましょう。

自分の九星を見つける

本命星の出し方

では実際に、あなたの運勢を読みとく本命星を割り出しましょう。本命星とは、生まれ年の九星盤の中宮にある九星のこと。次のページの「本命星早見表」であなたの（知りたい人の）生まれ年を見つけ、その欄の一番上にあるのが本命星です。その際、誕生日が1月から節分まで（2月3日または2月4日）の人は、「前年の生まれ」となるので注意してください（たとえば平成10年1月25日生まれの人の場合は、前年の平成9年のところの九星が本命星になります。）

本命星からは、「対社会的」な面での運勢をよく知ることができます。

また210ページから、各九星の基本的性質と「象意（しょうい）一覧表」を掲載しました。これは、運勢や性質をより深く理解するのに役立つものです。ぜひ参考にしてください。

本命星早見表

九紫火星	八白土星	七赤土星	六白金星	五黄土星	四緑木星	三碧木星	二黒土星	一白水星
1919 大正8年生 己未	**1920 大正9年生 庚申**	1921 大正10年生 辛酉	1922 大正11年生 壬戌	**1923 大正12年生 癸亥**	**1924 大正13年生 甲子**	1925 大正14年生 乙丑	1926 大正15年生 丙寅	**1927 昭和2年生 丁卯**
1928 昭和3年生 戊辰	1929 昭和4年生 己巳	1930 昭和5年生 庚午	**1931 昭和6年生 辛未**	**1932 昭和7年生 壬申**	1933 昭和8年生 癸酉	1934 昭和9年生 甲戌	**1935 昭和10年生 乙亥**	**1936 昭和11年生 丙子**
1937 昭和12年生 丁丑	**1938 昭和13年生 戊寅**	**1939 昭和14年生 己卯**	1940 昭和15年生 庚辰	1941 昭和16年生 辛巳	1942 昭和17年生 壬午	**1943 昭和18年生 癸未**	**1944 昭和19年生 甲申**	1945 昭和20年生 乙酉
1946 昭和21年生 丙戌	**1947 昭和22年生 丁亥**	1948 昭和23年生 戊子	1949 昭和24年生 己丑	1950 昭和25年生 庚寅	**1951 昭和26年生 辛卯**	**1952 昭和27年生 壬辰**	1953 昭和28年生 癸巳	1954 昭和29年生 甲午
1955 昭和30年生 乙未	1956 昭和31年生 丙申	1957 昭和32年生 丁酉	1958 昭和33年生 戊戌	1959 昭和34年生 己亥	**1960 昭和35年生 庚子**	1961 昭和36年生 辛丑	1962 昭和37年生 壬寅	1963 昭和38年生 癸卯
1964 昭和39年生 甲辰	1965 昭和40年生 乙巳	1966 昭和41年生 丙午	1967 昭和42年生 丁未	**1968 昭和43年生 戊申**	1969 昭和44年生 己酉	1970 昭和45年生 庚戌	1971 昭和46年生 辛亥	**1972 昭和47年生 壬子**
1973 昭和48年生 癸丑	1974 昭和49年生 甲寅	1975 昭和50年生 乙卯	**1976 昭和51年生 丙辰**	1977 昭和52年生 丁巳	1978 昭和53年生 戊午	1979 昭和54年生 己未	**1980 昭和55年生 庚申**	1981 昭和56年生 辛酉
1982 昭和57年生 壬戌	1983 昭和58年生 癸亥	**1984 昭和59年生 甲子**	1985 昭和60年生 乙丑	1986 昭和61年生 丙寅	1987 昭和62年生 丁卯	1988 昭和63年生 戊辰	1989 平成1年生 己巳	1990 平成2年生 庚午
1991 平成3年生 辛未	1992 平成4年生 壬申	1993 平成5年生 癸酉	1994 平成6年生 甲戌	1995 平成7年生 乙亥	1996 平成8年生 丙子	1997 平成9年生 丁丑	1998 平成10年生 戊寅	1999 平成11年生 己卯
2000 平成12年生 庚辰	2001 平成13年生 辛巳	2002 平成14年生 壬午	2003 平成15年生 癸未	2004 平成16年生 甲申	2005 平成17年生 乙酉	2006 平成18年生 丙戌	2007 平成19年生 丁亥	2008 平成20年生 戊子
2009 平成21年生 己丑	2010 平成22年生 庚寅	2011 平成23年生 辛卯	2012 平成24年生 壬辰	2013 平成25年生 癸巳	2014 平成26年生 甲午	2015 平成27年生 乙未	2016 平成28年生 丙申	2017 平成29年生 丁酉
2018 平成30年生 戊戌	2019 (平成31年)生 己亥	2020 (平成32年)生 庚子	2021 (平成33年)生 辛丑	2022 (平成34年)生 壬寅	2023 (平成35年)生 癸卯	2024 (平成36年)生 甲辰	2025 (平成37年)生 乙巳	2026 (平成38年)生 丙午

※その年の節分までに生まれた人は、前年の九星・十二支になります

※文字に薄い色が入っている部分は２月４日が節分の年です（それ以外は２月３日）

本命星・一白水星のおしえ

知性と順応の星で、クールな知性派

【基本性格】一白水星は流れる水の性です。一滴の水が集まって大河となり、やがて大海に注ぐように、若いときに多少の苦労があっても、自身の知恵とどんな境遇にも応じる順応性が成功運を呼び、中年期以降の安定と幸運を約束するのです。ただ、能力があるだけに自信過剰で孤立しやすいため、相手との和を心がけて行動しましょう。

【愛情運】ふだんは冷静でも、意中の人がいると積極的にアプローチして自分のペースに巻き込む恋の魔術師。奔放な性格なので苦労する道を歩みやすく、心の傷を持つ人が多いのが特徴。嫉妬心や独占欲が強いですが、思いやりを持てば幸運になれます。

【健康運】気力や耐久力がありますが、丈夫な体質ではないため無理をしがち。美食家が多く、偏食や食べ過ぎなどには要注意。泌尿器系の病気や、身体の冷えにもご用心。

【金運】金運に恵まれます。才知で財を築き、堅実さを忘れなければ不自由はしません。

一白水星があらわすこと（象意）

基本データ	座所・定位	坎宮	五行	水
	十干	壬・癸	十二支	子
	方位	北	季節	冬
	月	12月	時間	23:00 ～ 01:00
	正象	水	卦徳	陥険
	味	塩辛味	人	中男
	色	黒・玄（くろ）	数	1&6

天象	月、雨、雪、雲、霧、寒冷、北風、水害、潮汐
キーワード	暗い、寒い、冷たい、水、潤下、流動性、低迷、穴、交わり、裏面、智慧、思考、策略、企画、冷静、順応、陥る、危険、患う、恐怖、落胆、忍耐、原因、端緒、妊娠、孤独、怨恨、紛失、秘密、悩む、貧乏、困窮、入浴、沈没、潜行、狡猾、疑心、睡眠、消滅、裏切る
人物・職業	知恵者、参謀、貧乏人、遊女、夜警、死者、盗賊、スパイ、水産業、水商売、印刷業、酒販業、クリーニング、夜間の仕事
場所	海、湖沼、河川、低地、床下、裏門、裏口、病院、地下室、海水浴場、寒い場所、暗い場所、寝室
品物・食べ物	万年筆、インク、ペンキ、液体塗料、帯、紐、釣り具、ろうそく、酒器、指輪、鹹味（かんみ）、水、ミネラルウォーター、酒類、ビール、牛乳、各種飲料、汁物、醤油、塩、漬物、生魚、スープ
人体・病気	腎臓、膀胱、尿道、肛門、子宮、背中、耳、汗、リンパ、腎臓病、疲労、不眠症、アルコール中毒、冷え症、ノイローゼ
植物・動物	冬咲きの花、ヘチマ、ヒョウタン、大根、水草、魚類、キツネ、ブタ、ネズミ、フクロウ、タコ、水鳥

※鹹味：舌が刺激されるような味。コショウ、ワサビ、カラシなど。

本命星・二黒土星のおしえ

漸進と育成の星で、尽くす喜びが心の糧

【基本性格】 万物を生成する土の性。母なる大地の星ともいわれますが、母性愛タイプの典型で、親切で明るい態度は誰からも頼りにされます。運勢は徐々に向上して、幸せな晩年をむかえるでしょう。ただし優柔不断で決断力に欠けるは面マイナスです。二黒土星は受け身の運で、トップに立つよりも補佐役に徹するほうが有利でしょう。

【愛情運】 誠実で真面目な性格。一方的な恋の押し売りと誤解を招くこともありますが、意中の相手を温かく包み込み、献身的な愛情を捧げるでしょう。細かく行き届いた心づかいが持ち味。燃え上がる恋にはなりませんが、幸せな結婚生活に恵まれます。

【健康運】 肥満になりがちな体質。健康管理に十分気を配り、胃腸障害や不眠症には要注意です。食生活は栄養バランスを考え、不規則な生活と過労を避けること。

【金運】 無駄な出費が発生しがち。健全財政を心がけ、借金の保証人は断るのが賢明。

☾二黒土星があらわすこと（象意）

基本データ	座所・定位	坤宮	五行	土
	十干	該当なし	十二支	未　申
	方位	西南	季節	晩夏～初秋
	月	7月・8月	時間	13：00 ～ 17：00
	正象	地	卦徳	従順
	味	甘味	人	母
	色	黄色	数	5＆10
天象		曇り、霜、初秋、穏やかな天気、霧、風のない日		
キーワード		大地、平らか、致役、裏鬼門、準備、基礎、地球、滋養、慈悲、育成、温厚、柔和、従順、忠実、労働、勤勉、奉仕、努力、根気、世話好き、貞節、庶民、吝嗇、廉価、平均、部下、従業員、サポート、低い、生活、安静、地道、倹約、謙虚、保守、頑迷、慎重、収集、辛抱		
人物・職業		妃、婦人、老女、職人、使用人、故郷の人、幼なじみ、妊産婦、農業、土建業、不動産業、サラリーマン、小売業、古物商		
場所		平地、グランド、農村、下町、田畑、公園、仕事場、林、田舎、故郷、本籍地、埋め立て地、暗いところ、博物館、押し入れ		
品物・食べ物		農具、陶器、骨董品、古着、リサイクル品、畳、敷物、中古品、コットン製品、座布団、カーペット、建材、土砂、セメント、甘味、玄米、雑穀、もち類、小豆、イモ類、はんぺん、煎餅、おにぎり		
人体・病気		脾臓、腹部、腸、右手、胃、皮膚、汗、消化器、胃潰瘍、胃炎、腹膜炎、胃けいれん、便秘、癌、黄疸		
植物・動物		シダ、コケ、ワラビ、キノコ類、ナズナ、牝馬、牝牛、ヒツジ、サル、アリ、地中の虫類		

本命星・三碧木星のおしえ

明朗と活動の星で、素直な正義派

【基本性格】 草木の萌える陽春をあらわすように、明るくて陽気で行動的な性格です。負けず嫌いで独立心旺盛、またカンも鋭く情報能力にすぐれています。初年運で早くから才能を発揮して、社会に認められる順運の星でしょう。短気でちょっと見栄っ張りなところがありますが、短所を自覚して長所を伸ばす努力が成功運をつかみます。

【愛情運】 愛情表現が下手でざっくばらんなタイプ。自分の気持ちに正直で積極的です。独立心がとても強く、感情の起伏が激しいため、恋愛も波乱含み。とくに女性は肩書を重視する条件派の傾向があります。結婚後は、カカア天下になる可能性が。

【健康運】 体力を過信して限界まで頑張るため、健康を損ねがちです。過労や飲み過ぎによる肝臓障害、呼吸器系、咽頭系の病気、また神経系統の病気にも気をつけて。

【金運】 楽天的な金銭感覚ですが、若いうちから金運は良好。ギャンブルは御法度！

☾三碧木星があらわすこと（象意）

基本データ	座所・定位	震宮	五行	木
	十干	甲・乙	十二支	卯
	方位	東	季節	春
	月	3月	時間	5：00～7：00
	正象	雷	卦徳	奮闘
	味	酸味	人	長男
	色	青	数	3・8
天象		雷雨、地震、稲妻、落雷、晴天、噴火		
キーワード		震動、驚く、新規、新鮮、若い、音、スピード、顕現、発芽、青春、伝達、叱咤、喧嘩、詐欺、脅迫、冗談、迅速、短気、感情、悲鳴、吐息、拍手、失言、感電、進む、爆発、現れる、動く、淡泊、揺らぐ、起きる、驚き、語る、有声無形、短慮		
人物・職業		青年、アナウンサー、声優、歌手、音楽家、スポーツ選手、騒がしい人、電機屋、記者、学生、噺家、鮨屋、ホラ吹き		
場所		震源地、発電所、変電所、放送局、電話局、コンサート会場、森林、青果市場、竹林、騒がしい場所		
品物・食べ物		テレビ、ラジオ、音楽プレーヤー、電気製品、通信機器、楽器、鐘、鈴、花火、ダイナマイト、酸味、フレッシュジュース、ワイン、酢の物、梅干、レモン、オレンジ、茶、葉もの野菜、タケノコ		
人体・病気		肝臓、筋、左手、左足、声帯、のど、舌、毛髪、肋膜、喘息、肝臓病、胆のう炎、リウマチ、神経痛、ヒステリー、打ち身		
植物・動物		春の若木、草木の新芽、竹、杉、盆栽、薬草、ホタル、カナリヤ、雀、鈴虫、松虫、キリギリス		

本命星・四緑木星のおしえ

調和と交流の星で、魅力的な純情派

【基本性格】 四緑木星は木の性で、春の4月から5月の季節は、すべてのものが成長し、進展するとき。若くして社交性に富み、抜群のバランス感覚をそなえていて、気配り上手で商売上手。周囲から信頼を得てチャンスに恵まれ、運勢の上昇気流に乗れるでしょう。ただ、苦労知らずの受け身型のため、意外な落とし穴にハマる危険も。

【愛情運】 早熟で恋の芽生えも早いでしょう。明るく美的センスに優れていますが、情にほだされやすく、お人好しの面も。見かけとは裏腹に感情の起伏が激しいため、冷静な目が必要です。とくに女性はエレガントさがあり、玉の輿に乗れる可能性も。

【健康運】 体質的に強く持久力にすぐれ、長寿なタイプ。ただ気管支炎や扁桃腺炎などの病気には注意。不摂生な生活を改め、規則的な生活をすることが肝心でしょう。

【金運】 先見の明が金運を上げますが、浪費と度を越したギャンブルは避けること。

☾四緑木星があらわすこと（象意）

基本データ	座所・定位	巽	五行	木
	十干	該当なし	十二支	辰・巳
	方位	東南	季節	晩春～初夏
	月	4月・5月	時間	7：00～11：00
	正象	風	卦徳	伏入
	味	酸味	人	長女
	色	青	数	3・8
天象		風のある日、台風、大風、つむじ風、竜巻、香気、臭気		
キーワード		風、空気、臭い、長女、遠方、交流、交易、調整、迷い、信用、評判、縁、整う、整理、従う、縁談、結婚、精神、旅行、通勤、世話、往来、通知、報告、宣伝、交渉、早熟、誤解、迷い、歓迎、運搬、営業、チラシ、長いもの、外交		
人物・職業		花嫁、仲人、商人、セールスマン、外交官、製糸業、紡績業、輸送業、通信事業、通信販売業、郵便事業、貿易業、商社、外交官		
場所		道路、飛行場、港、駅、玄関、林野、郵便局、旅行代理店、神社、材木置き場、線路、出入口		
品物・食べ物		木製品、竹製品、鉛筆、ハガキ、手紙、香水、線香、扇子、うちわ、扇風機、パスタ、うどん、そば、長ねぎ、香辛料、香味野菜、山芋、にんじん、うなぎ、燻製品、にんにく		
人体・病気		腸、左手、太もも、筋、頭髪、気管、食道、動脈、神経、喘息、気管支炎、胃腸病、胆石、インフルエンザ、伝染病、神経痛		
植物・動物		柳、松、杉、ユリ、バラ、ツル草、アサガオ、藤、蝶、ヘビ、ミミズ、キリン、ツル、ウシ、ブタ		

本命星・五黄土星のおしえ

独立と統制の星で、ゴーインにマイウェイ・タイプ

【基本性格】 九星の中心にあって、その強さが善悪両面に極端にあらわれます。一国一城の首領となるか、世間に背を向けた無頼漢、ひねくれ者になるかは、心がけ次第。困難にくじけず、逆境をはね返す努力によって、やがて成功ラインに乗って政界、経済界に重きをなすひとが多いのも特徴ですが、一生を通じて運気の波が激しい星です。

【愛情運】 情熱的でロマンチックな面と、現実的な側面を持つ行動派。独占欲が強く、恋の炎が燃えあがると、どんな犠牲や障害もいとわず強引に相手のハートを射止めます。デリケートでやさしい気配りができ、結婚後は母性本能が強い頼れるタイプに。

【健康運】 肉体的にも精神的にもエネルギッシュですが、消化器系統に弱みを持つので暴飲暴食には注意。中年以降は内臓疾患を起こしがちなので、定期検診は忘れずに。

【金運】 生涯を通じてお金には不自由しない星。金銭に淡泊型と執着型にわかれます。

☾五黄土星があらわすこと（象意）

基本データ	座所・定位	中宮	五行	土
	十干	戊・巳	十二支	なし
	方位	中央	季節	土用
	月	なし	時間	なし
	正象	なし	卦徳	なし
	味	甘味	人	なし
	色	黄色	数	5・10
天象		曇り、荒天、天変地異、土砂災害、毒ガス		
キーワード		変化と変質、破壊、全滅、支配、豪快、恐怖、再生、古い、戦争、腐敗、毒、墓穴を掘る、個性、強烈、天災、災害、腐敗、葬式、暴行、死、強奪、最悪、損害、失敗、癌、悪化、不景気、散在、悪習慣、パニック、八方ふさがり		
人物・職業		帝王、君主、大統領、首相、首領、ボス、親分、支配人、中心人物、聖者、悪人、殺人犯、テロリスト、失業者		
場所		原野、荒野、戦場、焼け跡、墓地、火葬場、霊安室、ゴミ処理場、汚染地、破壊された場所、刑場		
品物・食べ物		古道具、古着、代々続いた家宝、遺品、ぼろ、キズ物、売れ残った物、壊れた物、アンティーク、偽物、納豆、みそ、酒粕、チーズなど発酵食品、栄養のない物、ジャンクフード		
人体・病気		脾臓、大腸、五臓六腑、内臓の病気、脳溢血、心臓疾患、高熱を発する病気、潰瘍、腫瘍、悪性伝染病、流産、悪性癌		
植物・動物		毒草、毒キノコ、ウルシ、トゲのある植物、猛獣、害虫、ダニ、ハエ、ピラニア、毒をもつ動物		

本命星・六白金星のおしえ

権威と蓄積の星で、何事も全力投球の行動派

【基本性格】「天」を意味する六白は健全、充実、完成、活動の星。独立心旺盛で実行力に富み、若いうちからリーダーシップを発揮して周囲の注目を集めます。自尊心が強く、完全主義、やや直情的なタイプで、高い地位と権力を手中にできる強運の持ち主でしょう。しかし、それを手にするには下積みの苦労と経験の積み重ねが必要です。

【愛情運】高い理想と情熱の持ち主。プライドが高くて照れ屋なため、甘いムードやしゃれたテクニックは苦手ですが、根はやさしくて誠実。同じ価値観を持つ知性的な人に魅力を覚えます。ただ理想が高くて隙がないので、近寄りがたい印象を与えがち。

【健康運】運動神経がよく、スポーツマンタイプのスリムな人が多いのが特徴。仕事・過労からくる心臓病、高血圧には気をつけて。自転車や車などの事故にも注意。

【金運】金銭への執着と蓄財意識が低いですが、生涯通じて金運に恵まれるでしょう。

☾六白金星があらわすこと（象意）

基本データ	座所・定位	乾宮	五行	金
	十干	なし	十二支	戌・亥
	方位	西北	季節	晩秋～初冬
	月	10月・11月	時間	19：00～23：00
	正象	天	卦徳	円満
	味	辛味	人	父
	色	白・銀	数	4・9
天象		晴天、青空、暴風雨、寒気、崩れかかった天気		
キーワード		天、円、戦う、健やか、剛健、玉、天皇、馬、尊い、充実、上等、太陽、高級、特許、多忙、寄付、供養、勇者、施す、世話ごと、堅固、完全、高貴、賢人、車、大きい、財産、尊大、傲慢、動く、道理、正義、天道、意地、強情、ルール、強大、重厚、強い、高品質、管理		
人物・職業		天皇、夫、祖先、目上、会長、社長、聖人、軍人、スポーツ選手、神官、支配者、役人、責任者、リーダー、自動車製造、機械販売		
場所		神社仏閣、教会、首都、国会議事堂、学校、大学、官庁街、高級ホテル、貴金属店、競技場、証券取引所、天文台、プラネタリウム		
品物・食べ物		鉱物、航空機、船、車、宝石、貴金属、貨幣、小切手、証券、神棚、高級品、コンピュータ、カメラ、時計、望遠鏡、白米、大麦、コース料理、果実、いなり寿司、天ぷら、アイスクリーム、辛い料理		
人体・病気		肋骨、肋膜、血圧、汗、熱、左肺、右足、頭痛、扁桃腺、肺臓疾患、心臓病、高血圧、皮膚病、ケガ、過労による病気		
植物・動物		秋に咲く花、果実、サカキ、薬草、大木、龍、ゾウ、ヘビ、トラ、ライオン、イヌ、競走馬		

本命星・七赤金星のおしえ

社交と才能の星で、人をひきつけるマルチタイプ

【基本性格】 七赤は金の性で、金銭、飲食の悦び、恋愛などの意味があります。社交的で話術も巧み、芸能界やレジャー産業などで活躍する人が多い多芸多才な星。明るく才能豊か、頭の回転も速くて人気を集めますが、多趣味であれこれ手を出して、どれも広く浅く終わってしまいがち。口先ばかりで実行がともなわない一面も。

【恋愛運】 異性を引きつける天性の魅力にあふれた星。情熱家が多く、華麗で多彩な恋愛を期待できますが、自由な感覚で恋愛を楽しむあまり、夢とロマンを追い求めて現実から逃避することも。結婚生活でも、夢と現実とのギャップで悩むことがあります。

【健康運】 耐久力があるため、長寿者が多いでしょう。ただ美食家なので肥満になりやすいことも。ストレスをため込むと体調を崩し、情緒的にも不安定になりがちです。

【金運】 お金に困らない恵まれた金運ですが、金銭感覚はルーズで浪費家な傾向が。

七赤金星があらわすこと（象意）

<table>
<tr><td rowspan="7">基本データ</td><td>座所・定位</td><td>兌</td><td>五行</td><td>金</td></tr>
<tr><td>十干</td><td>庚・辛</td><td>十二支</td><td>酉</td></tr>
<tr><td>方位</td><td>西</td><td>季節</td><td>秋</td></tr>
<tr><td>月</td><td>9月</td><td>時間</td><td>17：00～19：00</td></tr>
<tr><td>正象</td><td>沢</td><td>卦徳</td><td>喜悦</td></tr>
<tr><td>味</td><td>辛味</td><td>人</td><td>少女</td></tr>
<tr><td>色</td><td>白・金</td><td>数</td><td>4・9</td></tr>
<tr><td colspan="2">天象</td><td colspan="3">曇天、変わりやすい天気、小雨、日没、星空、冷涼、秋晴れ</td></tr>
<tr><td colspan="2">キーワード</td><td colspan="3">夕暮れ、日没、谷間、喜び、社交、中途挫折、オアシス、娯楽、雄弁、金銭、酒類、飲食、酒食、不足、不十分、口、舌、欠陥、融通、甘え、適当、いい加減、遊び、趣味、道楽、楽しみ、恋愛、祝典、結婚式、キス、セックス、笑う、集まる、ゲーム、不注意、皮肉、散財、器用</td></tr>
<tr><td colspan="2">人物・職業</td><td colspan="3">不良少女、愛人、巫女、通訳、後援者、歌手、金融業者、飲食店、パチンコ店、外科医、歯科医、セールスマン、芸能人</td></tr>
<tr><td colspan="2">場所</td><td colspan="3">沢地、沼、井戸のある場所、洞穴、歓楽街、レストラン、遊技場、喫茶店、バー、遊園地、結婚式場、祝賀会場、ゲームセンター</td></tr>
<tr><td colspan="2">品物・食べ物</td><td colspan="3">刃物、鍋、スプーン、フォーク、鈴、釣鐘、硬貨、紙幣、クレジットカード、楽器、商品券、欠けたもの、遊具、ゲーム機、スマートフォン、リモコン、フライドチキン、卵焼き、コーヒー、紅茶、酒類</td></tr>
<tr><td colspan="2">人体・病気</td><td colspan="3">右肺、口中、歯、咽頭、神経衰弱、気管支、乳房、歯痛、口内炎、肺炎、結核、腎臓病、尿毒症、性病、生理不順、糖尿病</td></tr>
<tr><td colspan="2">植物・動物</td><td colspan="3">秋に咲く花、モミジ、水辺に生える植物、ニワトリ、ハクチョウ、ヒツジ、サル、赤トンボ、愛玩動物</td></tr>
</table>

本命星・八白土星のおしえ

改革と技能の星で、前向きなこだわり職人気質

【基本性格】 二黒の大地に対して、八白は山の土。変化の多い運と、山のように不動の安定した運との両面があります。知性と技能に恵まれた社交派で、交際の輪が広がりますが、ムラ気な面や好き嫌いの激しい性格が、周囲に誤解されることも。また表面はソフトでも、内面は頑固で粘り強く、自分の主張を通す一徹な面があります。

【愛情運】 恋愛や結婚には極めて慎重派。しゃれた愛情表現も苦手で静かに愛を育むタイプですが、情熱的な面も。堅実で着実な人生設計を立てる相手を選ぶ傾向があり、見合いでは良縁を得たり、気心が知れた友達関係から恋愛に発展したりするケースも。

【健康運】 消化器系統など内臓の弱い人が多いので、早期発見が肝心です。運動神経はありますが、大きなケガに気をつけて。中年以降は肥満や高血圧、動脈硬化に注意。

【金運】 節約型の堅実派で、お金は生涯不自由しないタイプ。遺産相続運もあります。

☾八白土星があらわすこと（象意）

基本データ	座所・定位	艮	五行	土	
	十干	なし	十二支	丑・寅	
	方位	東北	季節	晩冬〜初春	
	月	1月・2月	時間	1：00 〜 5：00	
	正象	山	卦徳	静止	
	味	甘味	人	小男	
	色	黄色	数	5・10	
天象		曇天、変わりやすい天気、晴れから雨に変わるとき			
キーワード		変化、節目、つなぎ目、階段、曲がり角、改革、故郷、相続、終始、休み、交換、連結、交代、売買、開店、閉店、全滅、復活、出発、返す、再起、やり直し、止む、引き継ぐ、こだわり、積み重ね、頑固、強欲、親戚、身内、集団、組合、渋滞、断絶、開始、スイッチ			
人物・職業		少年、年少者、守衛、管理人、賢人、神主、僧侶、背の高い人、太った人、親類縁者、幼なじみ、相続人、職人、建築業			
場所		山、高台、駅、門、石垣、旅館、階段、墓地、中継所、停留所、交差点、建物、路地、神社仏閣、ターミナル、突き当たりの家			
品物・食べ物		不動産、継ぎ手、積み木、重箱、タンス、机、イス、踏み台、通帳、仏壇、鎖、骨、棚、扉、壁、門、屋根、物置、革製品、牛肉、挽肉、いくら、数の子、たらこ、ハンバーグ、山芋、かまぼこ			
人体・病気		耳、鼻、筋肉、関節、背中、脊椎、腰痛、肩こり、関節炎、リウマチ、蓄膿症、骨折、便秘、皮膚病、吹き出物、突き指、捻挫			
植物・動物		タケノコ、ツクシ、セリ、樹木になる果実全般、トラ、ウシ、キリン、ヒツジ、山鳥、シカ、ネコ、番犬			

本命星・九紫火星のおしえ

学芸と感性の星で、美的センスにすぐれた個性派

【基本性格】九紫は火の性で、真っ赤に燃える夏の太陽のイメージ。華やかな個性派で、文芸や芸術方面で名を成した人も多く、情緒的で美的センスに優れています。頭脳明晰で判断力や瞬発力にすぐれていますが、移り気で次々と相手や仕事を変えたり、プライドが高く虚栄心が強すぎたりして、周囲の人と調和できない面があります。

【愛情運】容姿端麗で明るく活発なため、異性の注目を集めるでしょう。早熟で多情多感ですが、熱しやすく冷めやすいタイプ。見合い結婚や年をとってからの結婚がおすすめ。相手のプライドを尊重し身勝手さをつつしめば、明るい家庭になるでしょう。

【健康運】持久力に乏しくてスタミナ切れを起こしがち。バランスのよい食事をとることが大切です。循環器系が弱いので、動脈硬化や脳血栓にはとくに注意しましょう。

【金運】浪費家で散在するわりにはお金に不自由しないタイプ。晩年は安定した財運。

☾九紫火星があらわすこと（象意）

基本データ	座所・定位	離	五行	火	
	十干	丙・丁	十二支	午	
	方位	南	季節	夏	
	月	6月	時間	11：00 ～ 13：00	
	正象	火	卦徳	明智	
	味	苦味	人	中女	
	色	赤	数	2・7	
天象		晴天、暑い日、日中、干ばつ			
キーワード		太陽、火、熱、光、灯り、契約、決定、断定、明確、明白、決着、印鑑、暑い、離合集散、顕現、頭脳明晰、名誉、芸術、華美、装飾、飾り、最高、神仏、感情、情熱、美麗、書籍、生命、精神、法律、発覚、発見、発明、別れ、分離、戦争、抗議、喧嘩、写真、名声、花火			
人物・職業		君主、学者、文化人、鑑定家、発明家、華道家、容姿端麗な人、感情的な人、モデル、医者、教育者、審判、デザイナー			
場所		裁判所、議事堂、神社仏閣、図書館、美術館、大学、劇場、理美容院、化粧品売り場、花火会場、展覧会場			
品物・食べ物		証券、契約書、免状、名刺、書籍、文具、鏡、メガネ、化粧品、アクセサリー、照明器具、写真、カメラ、ライター、高級な食器、乾物、馬肉、貝類、海苔、カニ、エビ、赤飯、洋酒、カボチャ			
人体・病気		心臓、眼、血、顔面、頭、頭痛、心臓病、結膜炎、顔面神経痛、脳溢血、動脈硬化、高血圧・低血圧、精神疾患、熱中症			
植物・動物		真夏に咲く花、ナンテン、サルスベリ、シソ、クジャク、オウム、インコ、金魚、貝類、ホタル、カメレオン			

相性の良し悪しの法則

「相生」「相剋」の関係

人間には、「スムーズに付き合える人」と「付き合うのに努力が必要な人」がいるものです。これが「相性」と呼ばれるものですが、では、相性の良し悪しは何で決まるのでしょう。東洋運勢学では、五行の関係を重要視します。

五行とは、森羅万象は「木・火・土・金・水」の5要素から成り立つとする考え方です。九星では、木＝三碧木星・四緑木星、火＝九紫火星、土＝二黒土星・五黄土星・八白土星、金＝六白金星・七赤金星、水＝一白水星です。そして、五行の間には、「相生（そうしょう）」「相剋（そうこく）」と呼ばれる関係が成り立ちます。相生は、木は火を生じ、火は土を生じ、土は金を生じ、金は水を生じ、水は木を生じる、というスムーズな関係。逆に相剋は、木は土の栄養分を奪い、土は水を汚し、水は火を消し、火は金を溶かし、金は木を傷つける、という関係のため、うまく付き合うには努力が必要となります。

☾九星別「相生」と「相剋」の関係

→ の関係が相生

→ の関係が相剋

（三碧木星・四緑木星の人）

相生の相手：一白水星・九紫火星

相剋の相手：六白金星・七赤金星・二黒土星・五黄土星・八白土星

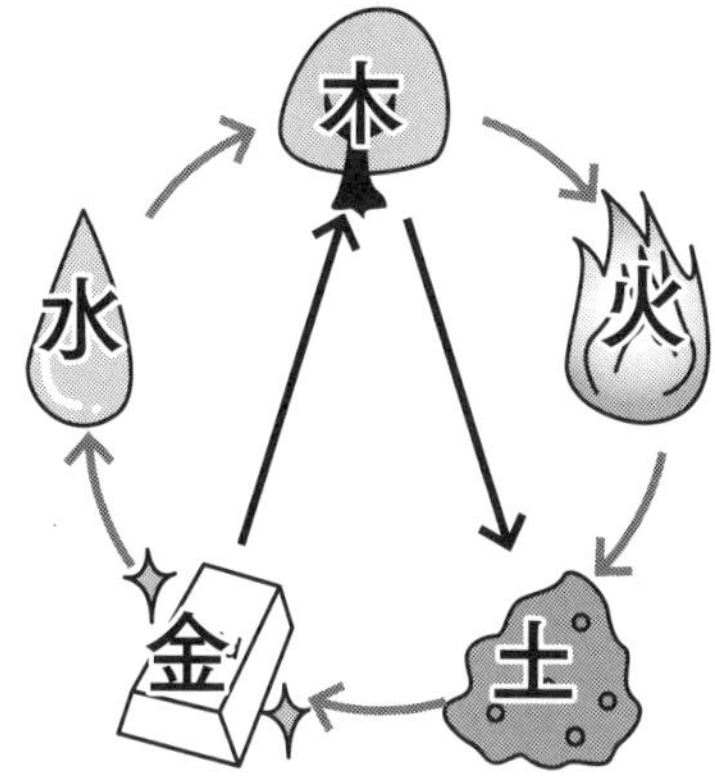

（二黒土星・五黄土星・八白土星の人）

相生の相手：六白金星・七赤金星・九紫火星

相剋の相手：三碧木星・四緑木星・一白水星

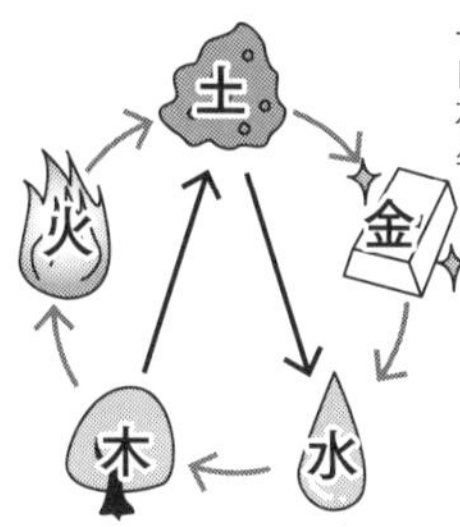

（九紫火星の人）

相生の相手：三碧木星・四緑木星・二黒土星・五黄土星・八白土星

相剋の相手：一白水星・六白金星・七赤金星

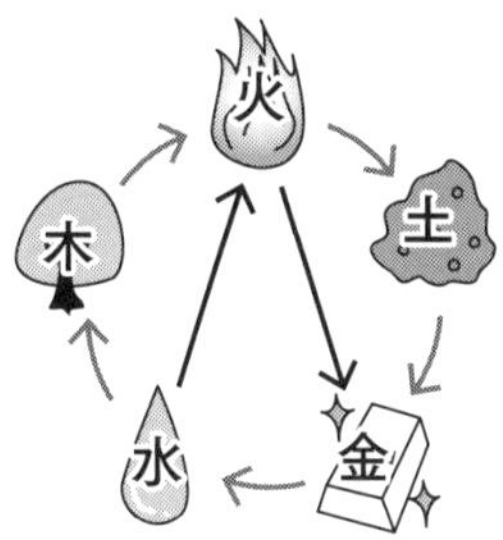

（一白水星の人）

相生の相手：六白金星・七赤金星・三碧木星・四緑木星

相剋の相手：二黒土星・五黄土星・八白土星・九紫火星

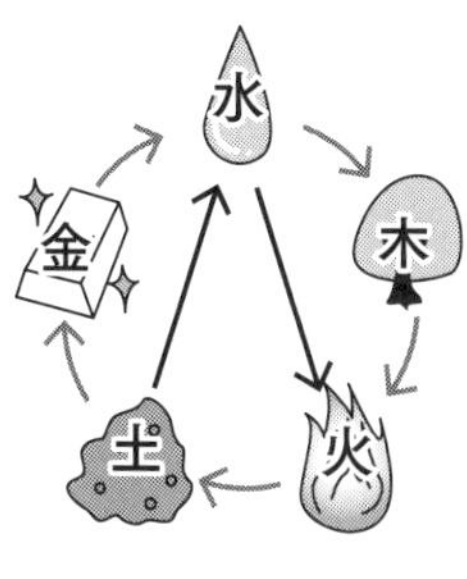

（六白金星・七赤金星の人）

相生の相手：二黒土星・五黄土星・八白土星・一白水星

相剋の相手：九紫火星・三碧木星・四緑木星

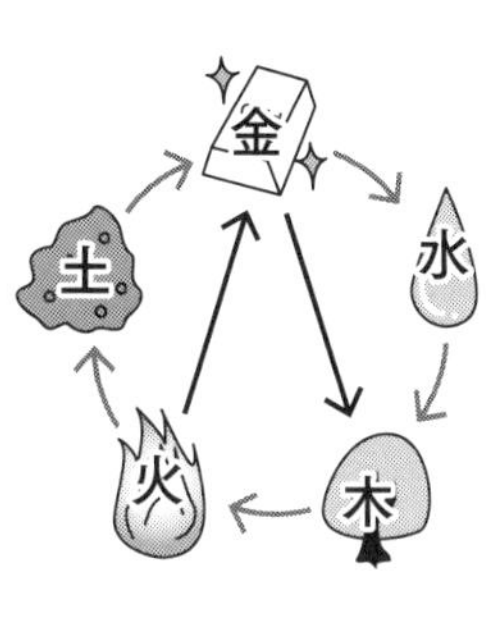

☽相性の特徴を知ることがポイント

九星別の相性は、より細かく5パターンにわけられます。相性のよい順に「◎大吉、○中吉、☆吉、▲凶、●大凶」となる相性を、次のページの「九星別の相性早見表」にまとめました。それぞれの相性の内容とポイントは次のようになります。

◎何かとあなたを助けてくれる相手。感謝の気持ちを忘れないようにしましょう。

○あなたが相手を助ける関係です。でも、相手への押しつけには気をつけること。

☆価値観が似ているだけに、なれ合いになりやすい関係です。新鮮さを忘れないで。

▲知らず知らずに相手を傷つけているかもしれません。立場や気持ちを思いやって。

●被害者意識を持ちやすい関係です。むやみに相手を嫌わないようにしましょう。

とくに、▲や●の関係が恋人や配偶者だとしたら気になりますね。でも、愛は相性を超越し、情は相性を補うもの。相性の悪さは相手への思いやりでカバーできます。そして愛も情もない間柄には相性の吉凶が鋭く作用することを忘れないでください。

また、相性の悪さから発生するマイナス作用を補い、人間関係をよりよく導く「心理的な橋」を架ける方法として、ラッキーカラーを利用することもできます。これは色が象徴

九星別の相性早見表

◎大吉　○中吉　☆吉　▲凶　●大凶

相手＼あなた	一白水星	二黒土星	三碧木星	四緑木星	五黄土星	六白金星	七赤金星	八白土星	九紫火星
一白水星	☆	▲	◎	◎	▲	○	○	▲	●
二黒土星	●	☆	▲	▲	☆	◎	◎	☆	○
三碧木星	○	●	☆	☆	●	●	▲	●	◎
四緑木星	○	●	☆	☆	●	●	▲	●	◎
五黄土星	●	☆	▲	▲	☆	◎	◎	☆	○
六白金星	◎	○	●	●	○	☆	☆	○	▲
七赤金星	◎	○	●	●	○	☆	☆	○	▲
八白土星	●	☆	▲	▲	☆	◎	◎	☆	○
九紫火星	▲	◎	○	○	◎	●	●	◎	☆

する五行のパワーを借りて、自分の持つパワーを自在にコントロールする方法。くわしくは触れませんが、個性や運気を安定させ、活性化するメインカラー、パワーを高めるリリーフカラー、わがままを抑えるセーブカラーなどを使いわけます。

本命星とラッキーカラー

九星	五行	メインカラー	サポート	
			リリーフ	セーブ
一白水星	水	黒	白	青
二黒土星	土	黄	赤	白
三碧木星	木	青	黒	赤
四緑木星	木	青	黒	赤
五黄土星	土	黄	赤	白
六白金星	金	白	黄	黒
七赤金星	金	白	黄	黒
八白土星	土	黄	赤	白
九紫火星	火	赤	青	黄

相性とは心の距離のこと

仕事やサークルなどで、相性がよくない人と組むことになっても心配はいりません。そんなときは五行の相関図を見て、「あなた」と「相性のよくない人」の「間を取り持つ関係の人」に、仲間になってもらうとよいでしょう。たとえば、あなたが一白水星で、相性がよくないとされる八白土星の人と一緒に仕事をする場合、六白金星か七赤金星の人を仲間にします。「土（八白土星）→金（六白金星か七赤金星）→水（一白水星）」と、五行がスムーズに流れて、良好な関係が築けるはずです。

しかし、都合よくそれができないときは、どうしたらよいでしょう。

そもそも相性とは、「心の距離」のこと。「九星の心の距離表」をみると、心の距離はA～Eまでの5段階にわけられます。Aの人は、自分にとっての心の距離が近く、自然とよい関係を結びやすい相手です。それに対してEの人は、良好な関係を築くのにかなり努力が必要です。ただし、心の距離が近ければ絆も強い、というわけではありません。心の距離が近ければ、簡単に仲良くなれるぶん、離れやすいのも事実。逆に心の距離が遠ければ、お互いに歩み寄ることで、むしろ絆は強まります。相性に吉凶の法則はあっても、知恵と思いやりがあれば、絆を強めることはできるのです。

九星の心の距離表

相手＼あなた	一白水星	二黒土星	三碧木星	四緑木星	五黄土星	六白金星	七赤金星	八白土星	九紫火星
一白水星	C	D	A	A	D	B	B	D	E
二黒土星	E	C	D	D	C	A	A	C	B
三碧木星	B	E	C	C	E	E	D	E	A
四緑木星	B	E	C	C	E	E	D	E	A
五黄土星	E	C	D	D	C	A	A	C	B
六白金星	A	B	E	E	B	C	C	B	D
七赤金星	A	B	E	E	B	C	C	B	D
八白土星	E	C	D	D	C	A	A	C	B
九紫火星	D	A	B	B	A	E	E	A	C

A= 相生（相手がつくしてくれる関係） B= 相生（あなたが過干渉になりがちな相手）
C= 比和（気は合うものの低レベルで安定の関係） D= 相剋（あなたがいじめがちな関係）
E= 相剋（あなたが被害者意識を抱きがちな相手）

九星でみる心の距離感

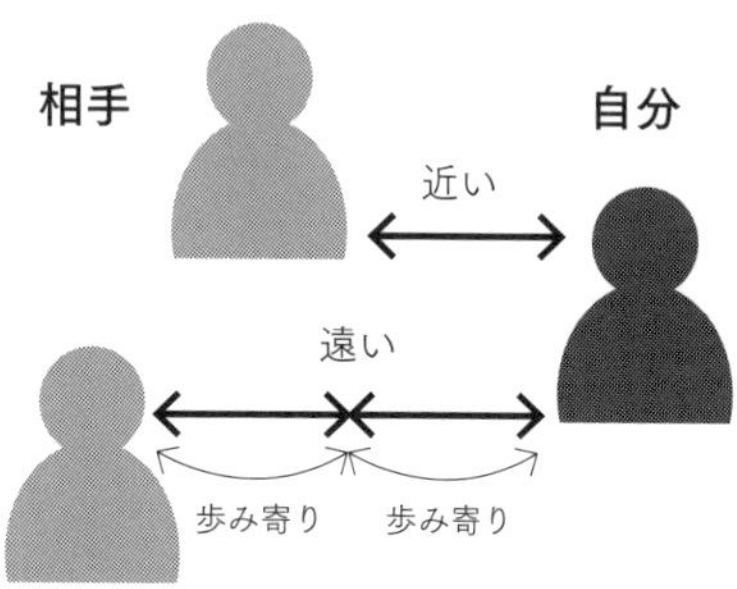

※心の距離が遠くても、お互いに歩み寄ることで距離は縮まり、絆はむしろ強まります。

五行相関図

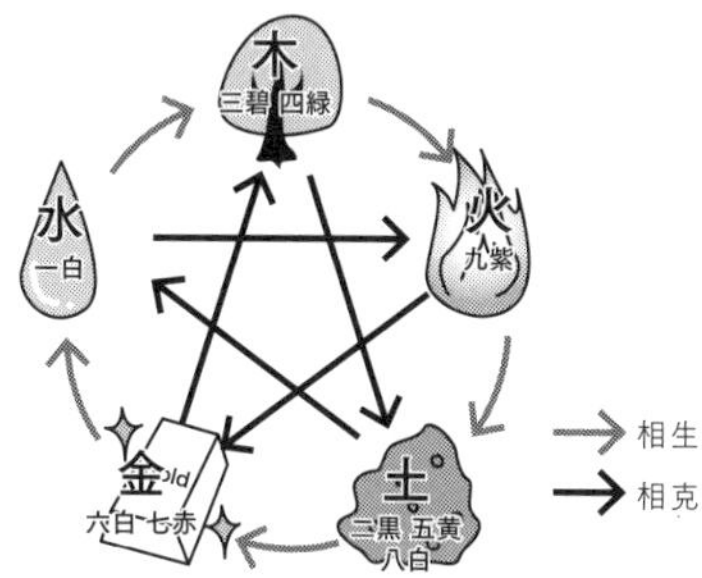

※苦手な人がいる場合は、隣り合う関係の九星の人を仲間に入れると、関係がスムーズになります。

運気を高める方位選び

凶方位を避ける

東洋運勢学では、「吉凶は、動より生じる」といいます。動とは、行動すること。行動するとは、すなわち吉方位か凶方位に向かって動くことにほかなりません。逆にいえば、動かなければ方位の吉凶は生じないのです。

「運勢」がその年、その月の固定の運だとしたら、「吉や凶の方位に動く」ことは、固定の運勢をよりよい方向へ向かわせたり、反対にいい運を落とすもとになります。たとえば、「運勢がいい年」であるはずが、凶方位への引っ越しや遠距離の旅行によって、せっかくの良運が台無しなることもあるのです。そのためには、まずは何より、凶方位を避けること。そして、可能な限り、吉方位を選んで行動することです。

具体的にどうすればいいかというと、まず、年の吉凶方位と月の吉凶方位をしっかり把握しましょう。とくに住居の移転や開業・出店・ひと月以上の旅行や入院の際には、目指す方位が年・月ともに凶方でないことが求められます。できれば、年も月も吉方位であることが望ましいでしょう。

行き先の方位が選べるときは、その時期（年・月）に凶ならない方位、行き先の方位が決まっている場合は、その方位が凶にならない時期（年・月）を選びます。

方位除け

万が一、方位の作用を知らずに凶方位に引っ越しや移転をしてしまっていたら、どうすればよいでしょう。根本的な解決策は、「吉方移転」や「方違え」（仮移転）など、吉方位へ移転するのが望ましいです。しかし、この解決策を導くには高度なテクニックが必要なため、専門家に相談されることをおすすめします。

当面の応急処置としては、大難を小難にとどめるために、とにかくその年、その月の吉方位の気をできるだけ多く受け入れることです。実際に居住している場所を起点にし、最低でも400メートル以上離れた場所の気を受けてください。散歩、ショッピングなど、出かけるときには「吉方位へ」を心がけることが大切です。ただし、これを繰り返せば完全に方位除けができる、というものでもありません。ですからこれからは、まず「凶方位を避ける」ことを念頭に置いて行動するようにしましょう。

「六大凶殺」の種類と意味方位

凶方位は大きくわけて6種類。これらは「六大凶殺」と呼ばれ、凶パワーを秘めています。それぞれ作用が異なるため、まずはその凶作用を知りましょう。

五黄殺（ごおうさつ）　九星盤の五黄土星が位置する方位。強烈な変化変動・腐敗の作用を受け、愛情面、仕事面、健康面と、万事において自分の行動が原因となって災いを招きます。

暗剣殺（あんけんさつ）　九星盤の五黄土星が位置する方位の対向の方位。事故やトラブルに次々と巻き込まれるなど、他動的に災いが降りかかりやすくなります。

歳破（さいは）**・月破**（げっぱ）　その年、その月の十二支の対向の方位の凶神。物事が破れる作用を生じます。交通事故やトラブルに見舞われやすいほか、見込み違いや当て外れが多く起こるでしょう。この凶神がいる方位は、とくに縁談や商談などは避けましょう。

本命殺（ほんめいさつ）　九星盤で自分の本命星が位置する方位。健康面に凶作用が出やすくなります。ケガや病気が絶えないこともあるでしょう。

的殺（てきさつ）（本命的殺）　九星盤で自分の本命星が位置する方位の対向の方位。精神面に凶作用が生じやすくなります。希望や目標を見失う、自信喪失するなどが考えられます。家財の損失もあるでしょう。

☾ 八将神の所在方位

神名／十二支	豹尾	黄幡	歳殺	歳破	歳刑	太陰	大将軍	太歳
子	戌	辰	未	午	卯	戌	酉	子
丑	未	丑	辰	未	戌	亥	酉	丑
寅	辰	戌	丑	申	巳	子	子	寅
卯	丑	未	戌	酉	子	丑	子	卯
辰	戌	辰	未	戌	辰	寅	子	辰
巳	未	丑	辰	亥	申	卯	卯	巳
午	辰	戌	丑	子	午	辰	卯	午
未	丑	未	戌	丑	丑	巳	卯	未
申	戌	辰	未	寅	寅	午	午	申
酉	未	丑	辰	卯	酉	未	午	酉
戌	辰	戌	丑	辰	未	申	午	戌
亥	丑	未	戌	巳	亥	酉	酉	亥

方位の凶神たちは歳破・月破以外にも、大将軍、歳刑、太陰、歳殺、劫殺、災殺、黄幡、豹尾、大金神、姫金神、死符、白虎、都天などがいます。

なお、陰陽道で年によって各方位の吉凶をつかさどる八神を「八神将」と呼びます。大将軍、太陰、歳刑、歳破、歳殺、黄幡、豹尾の凶神に、次ページで紹介する「太歳」という吉神を加えた神様たちです。上の表のように、その年の十二支によって八将神がいる方角が変わります。中には一定の日に方位を変えて遊行する神様もいますが、これはほとんどが凶神である八将神によって「八方ふさがり」になることを避けるため。でも、歳破・月破以外の凶神については、凶パワーは弱いのでそれほど気にする必要はありません。

「恵方」と吉神たち

吉方位の吉神は、大きくわけて3種類あります。

歳得(さいとく)　「恵方」の名前で親しまれている吉神。「明の方」ともいいます。婚姻、建築などの善事で大吉です。なお、恵方の方位はその年の十干で次のように決まります。

甲・乙→甲（寅卯の間）の方位
乙・庚→庚（申酉の間）の方位
丙・辛→丙（巳午の間）の方位
丁・壬→壬（亥子の間）の方位
戊・癸→丙（巳午の間）の方位

本命星と恵方が同じ方位の場合は、いっそう吉になるといわれていますが、歳破や金神などの凶神が同じ位置にあると、凶方に変わるので注意。

太歳(たいさい)　最大の吉神。しかし太歳神のいる方位に向かって凶事をおこなうと、疫病が発生するなど凶神に転じてしまう、といわれています。

天徳(てんとく)　六大凶殺以外のいかなる凶神でもことごとくねじ伏せてしまうパワフルな吉神です。

そのほか天道(てんどう)、人道(じんどう)、月徳(げっとく)、月徳合(げっとくごう)、歳得合(としとくごう)、生気(せいき)などの方位も吉神と言われます。

吉凶方位と吉凶神の力関係

以上が、干支の関係から見た方位の吉神と凶神です。

さまざまな運勢暦が出版されているため、方位盤によってこれらの神々が記載されているものもあるかもしれません（『九星幸運暦』にはない）。もちろん凶神よりも吉神がいる方位に出かけることが望ましいですが、六大凶殺の凶方位パワーがあまりに強すぎるため、それ以外の吉神や凶神が方位にいても、それほど気にする必要はないでしょう。

注意したいことは、いかなる吉神・吉方位であっても六大凶殺の凶パワーにはかなわない、ということです。五黄殺・暗剣殺などの「六大凶殺」がいる方位は、たとえ吉神がいても、自分にとって吉方位であっても、避けるべきです。

ただし六代凶殺と重なる場合、移転などに用いることはできませんし、個人の本命星から導いた吉方位のほうが吉効果が強いです。

また方位の吉凶と、吉神&凶神の力を比較すると、六大凶殺の例外を除いて、方位の吉凶のほうが強いです。吉凶方位と吉凶神の力関係を一覧表にまとめましたので、どの方位を選択するべきか迷ったときは、こちらをご活用ください。

選ぶべき方位の優先順位としては、次のようになります。

吉凶方位と吉凶神の力関係

吉凶神＼方位の吉凶	吉方位	凶方位
吉神（歳得、太歳、天徳）	大吉	凶
凶神（歳破、月破以外）	吉	大凶
歳破・月破（六大凶殺に含まれる凶神）	凶	大凶

①凶方位を避ける
②吉方位を選ぶ
③凶神を避ける
④凶方位でない吉神のいる方位を選ぶ
⑤上記該当する方位がなければ、何もついていない方位を選ぶ

ただし、同じ方位でも時期（とくに年や月）によって吉凶は変わります。行き先が自分で選べる場合は、移動する時期（年や月）が凶運にならない「方位」を選びましょう。逆に行き先が決まっている場合は、その方位が凶運にならない「時期」を選ぶようにしてください。

地図上での八方位の求め方

①地図を用意します。地図は、正確に北が表示され、自分の居住地（本人が2か月以上、寝起きしている場所）と目的地の両方が載っているもの。

②居住地を中心として、正確に東西と南北のラインを引きます。
③居住地を中心として東西・南北の各ラインをはさんだ左15度（中心角30度）の線を引き、東西南北は各30度、それ以外の方位は60度と、八方位を分割します（２４３ページの方位盤と同じ）
④目的地が八方位のどのエリアに入るかを確認したうえで、年や月のその方位の吉凶を調べます。

※『九星幸運暦』では、現在の住居を中心として四神がつかさどる東・西・南・北は30度ずつ、東南・東北・西南・北西は60度ずつの運勢方位盤を使用しています。遠方になるほど誤差が広がるので注意してください。なお神社などでいただく暦によっては、流儀の違いから8方位が45度ずつ均等にわかれている方位盤もあります

方位盤（年盤）の見方

年盤で吉凶方位を知る

方位の吉凶は、万人に共通するものと、それぞれの人の本命星で変わるものがあります。左ページの方位盤（九星盤、平成30年、戊戌の年）を例にあげて説明しましょう。

万人にとって共通する凶方位は3つです。ひとつは五黄殺。この九星盤では北に五黄殺がありますから、北が五黄殺方位です（九星盤は南が上になる）。

次に暗剣殺。暗剣殺は五黄土星が位置する方位の対向の方位に位置しますから、この年盤では南が暗剣殺です。

歳破は、その年の年支の対向の十二支の方位です。この年の年支は戌ですから、対向の辰のある方位（東南）が歳破方位になります。これらの暗剣殺・五黄殺・歳破とともに、それぞれの人の九星（本命星）が位置する方位（本命殺）と、その対向の方位（的殺）が凶方位になります。

2018年運勢方位盤

戊戌 九紫火星　平成三十年年盤

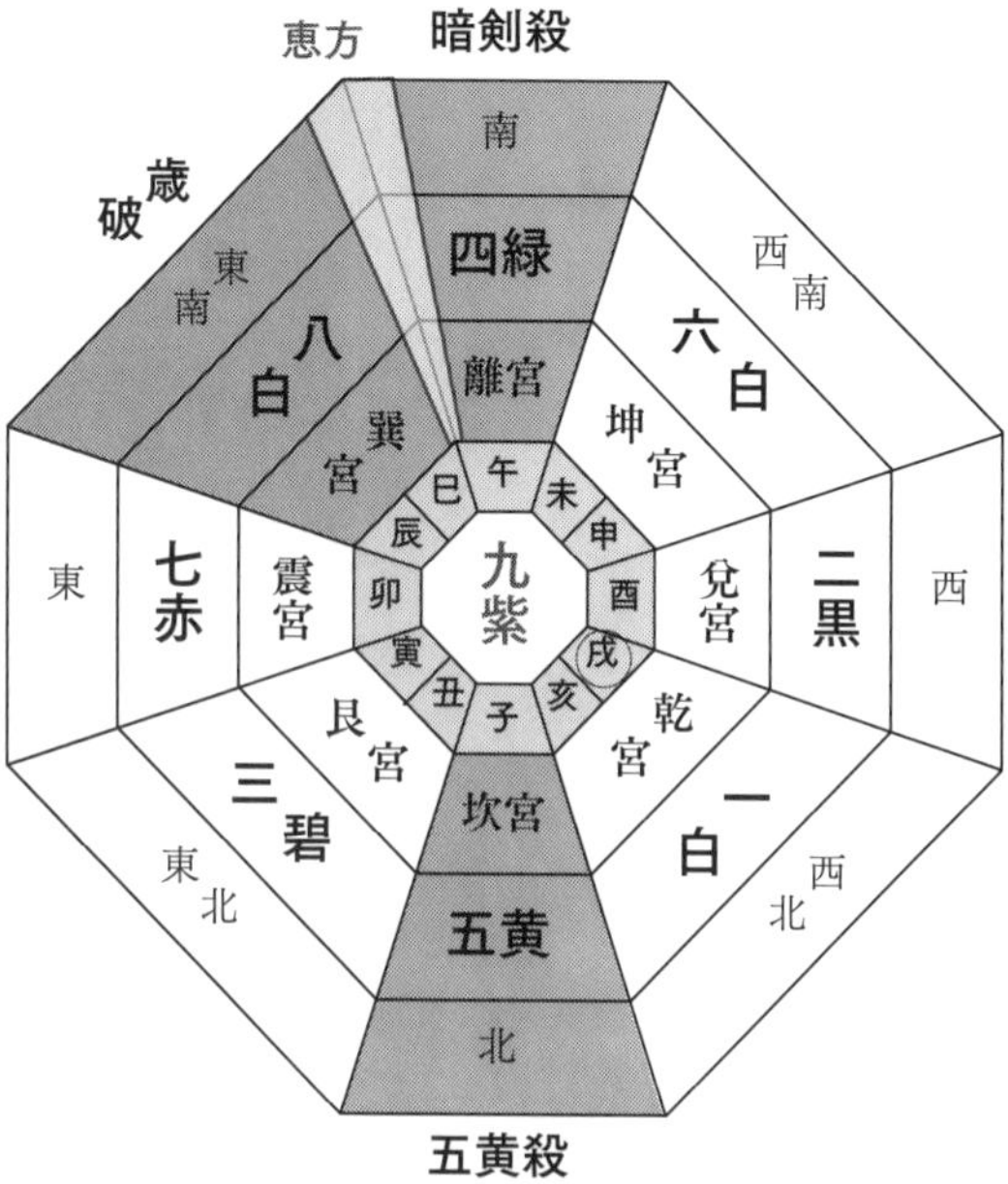

〈恵方〉

歳徳神ともいい、万人にとって吉方位です。結婚、建築などの祝い事にこの方位を用いると大吉とされます。ただし、個人の本命星から導いた吉方位のほうが、吉方位として効力を発揮します。

〈年盤の見方〉

一白水星は乾宮（西北）に位置します。
二黒土星は兌宮（西）に位置します。
三碧木星は艮宮（東北）に位置します。
四緑木星は離宮（南）に位置します。
五黄土星は坎宮（北）に位置します。
六白金星は坤宮（西南）に位置します。
七赤金星は震宮（東）に位置します。
八白土星は巽宮（東南）に位置します。
九紫火星は中宮（中央）に位置します。

※注意

九星盤は一般の地図とは違って南が上に配されます。君子が天を見上げたときの状態、つまり、君子にとって太陽（離宮）が真上にあるときの状態を表したものが、九星盤の八方位です。地図とみるときは、地図に合わせて逆向きにします。

本命星で見る年盤と月盤

年盤・月盤で自分の本命星の吉凶方位を知る

本命星が一白水星の人の場合の、平成30年の吉凶方位を例にあげましょう。年の吉凶方位を「運勢暦」で調べるには、左ページ上段にあるような各九星の「年盤」を見ます。ここには吉方位と凶方位が書かれています。この吉凶方位は、立春から翌年の節分までの1年間、変わらないものです。

月の吉凶を調べる場合は、左ページ下段にあるような月盤を見ましょう。ここでは2月(寅月)を例にあげていますが、年の吉凶方位とは違うことがわかります(年の吉凶方位と同じになる月もあります)。

引っ越しや事務所の移転など、人生の大きなイベントとなる移動や、1か月以上の長期旅行などは、年の方位と月の方位の両方が吉になる方位を選ぶといいでしょう。短期の旅行などの場合は、その月の吉方位から選んでかまいません。

平成30年の「一白水星」の年盤

＜吉方＞ 今年の吉方は東、西南、東北の三方位になります。東は新しい場面で境地を切り開き、金運に恵まれます。西南は勤勉と努力が功を奏し、周囲に認められて大きな存在となり、誇りと自信がついていきます。東北はこれからのあなたにとって財産となり得る若手の育成や後継者の諸問題が順調に整っていくようになります。

＜凶方＞ 今年の凶方は、東南が的殺と歳破、西北が本命殺、南が暗剣殺、北が五黄殺です。

　東南は気持ちの変化から欲にかられて信用が失墜します。西北は自信過剰からワンマンになり、争いが生じて人から嫌われるようになります。南は見栄や虚栄心が原因で親しい人との離別があり、北は持病の再発で長患いする結果となります。

平成30年方位盤

吉方 東、西南、東北

凶方
- 五黄殺　北
- 暗剣殺　南
- 本命殺　西北
- 歳破・的殺　東南

年盤（年ごとのの方位盤）

平成30年の「一白水星」の月盤

月盤のページには日の運勢も書かれています。毎日の行動に役立てましょう。

2月の方位

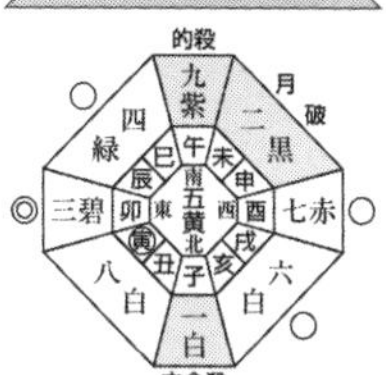

吉方　東・東南・西・西北
凶方　南・西南・北

●凶方 南は周囲と争って裁判沙汰になり、大切な人を失います。西南は計画に失敗して大損害となり失業や倒産します。北は部下に裏切られ左遷や失業したり、不慮の災難に見舞われます。

21 水 ◎気運に乗って前進あるのみ
22 木 △何事も冷静慎重が必要な時
23 金 ○細かい雑用早いうちに整理
24 土 ○閃きを大切に才能が花開く
25 日 △誤解受け信用にヒビが入る
26 月 ●ストレスたまりミスが多い
27 火 ○対抗でなく協調が双方の為
28 水 △クレジットの衝動買い不可

『九星幸運暦2018戊戌　九紫火星』（徳間書店）より

月盤（月ごとのの方位盤）

方位から知る吉凶作用

吉方位の作用を積極的に用いる

凶方位の種類が大きくわけて5種類あることは、前述しましたが、ひとくちに凶方位といっても、災いの降りかかり方が異なることがおわかりいただけたと思います。

さらにもうひとつ、凶作用を知る方法があります。それは、方位そのものが持つ象意から凶作用を導くことです。この見方は、吉方位もまったく同じものです。

たとえば、東南が吉方位の場合、東南の代表的な象意は「整う」ですから、東南の方位に長期の旅行や引っ越しなどをすれば、結婚につながる恋が生まれたり、縁談がまとまる可能性が高くなります。反対に、東南が凶方位の場合、この方位に長期間（長距離）移動すれば、縁談がご破算となったり、失恋しやすい傾向がみられるでしょう。

漠然と吉方位を用いるのではなく、方位の象意を知って行動することは、とても賢い活用の仕方といえます。

九宮名称

巽宮	離宮	坤宮
震宮	中宮	兌宮
艮宮	坎宮	乾宮

九宮方位

東南	南	西南
東	中央	西
東北	北	西北

各方位が表すこと

恋愛・お見合い・結婚・商売・海外・遠方への旅行に関すること	名声名誉・美・ひと目ぼれ・お祝い事・芸術・学問・発見・発覚・決着に関すること	努力・準備・着実・蓄財・家庭的・結婚・母・妻に関すること
自己アピール・告白・才能・新規事業・情熱・友だち・勇気に関すること	支配・悪縁・裏切り・ターニングポイント・内部に関すること	恋愛・飲食・おしゃべり・遊び・レジャー・プライベート・金銭に関すること
引っ越し・改装・リフォーム・インテリア・部署の異動・相続・貯蓄に関すること	愛情・秘密・交際・子ども・知恵・勉強・復活・悩み・病気に関すること	充実・活躍・キャリア・目上・健康・乗り物・勝負事・自分磨きに関すること

吉方位の求め方

凶方位から除外していく

方位盤は「運勢暦」にありますが、もっと将来の運勢を知りたいときなどは、自分で方位盤をつくることもできます。

① その年（その月）の九星盤をつくります。九星の循環法則（251ページ）をもとに九星盤をつくります。

② 5種類の凶方位を探します。歳破は、その年の十二支の対向につきます。五黄殺は五黄土星が位置する方位です。暗剣殺は五黄殺の対向の方位です。自分の本命星が位置する方位（本命殺）を求めます。本命殺の対向の方位（的殺）を求めます。

以上、5つの凶方位を九星盤に塗りつぶします。

⑧ 「九星方位表」から大吉・中吉・吉の方位を探し、凶方位と重なっていない方位を印します。これで完成！

一白水星の例（四緑木星が中宮する年（月）の場合）

3	8	1
2	4	6 ◎
7	9	⑤

五黄殺・暗剣殺・本命殺・的殺を除外すると、吉方位は、六白金星が位置する西になります。

【凡例】
◎ 吉方位
■ 本命殺・的殺
□ ⑤五黄殺
□ 暗剣殺

九星方位表

方位／九星	大吉方位	中吉方位	吉方位
一白水星	六白金星 七赤金星	なし	三碧木星 四緑木星
二黒土星	九紫火星	八白土星	六白金星 七赤金星
三碧木星	一白水星	四緑木星	九紫火星
四緑木星	一白水星	三碧木星	九紫火星
五黄土星	九紫火星	二黒土星 八白土星	六白金星 七赤金星
六白金星	二黒土星 八白土星	七赤金星	一白水星
七赤金星	二黒土星 八白土星	六白金星	一白水星
八白土星	九紫火星	二黒土星	六白金星 七赤金星
九紫火星	三碧木星 四緑木星	なし	二黒土星 八白土星

☽ 九星盤の九星移動の法則

九星盤の９つの星は、毎年（毎月・毎日）、その廻座する方位（宮）を移動し、それにともなって運勢や吉凶方位が変わります（もちろん方位と宮は固定です）。

その移動の法則をご説明しましょう。まず、九星盤の星の並びには基礎盤がありますが、それが、中央に五黄土星が位置する「後天定位盤」と呼ばれる盤です。

この基本の位置からスタートする五黄土星の動きで説明すると、中央（中宮）↓西北（乾宮）↓西（兌宮）↓東北（艮宮）↓南（離宮）↓北（坎宮）↓西南（坤宮）↓東（震宮）↓東南（巽宮）の順に巡回し、再び中央（中宮）に戻ります（この循環運動を「遁甲」という）。もちろん、どの星も、スタート地点は違っても、循環の経路は同じです。

時計の針のように、素直に九星盤をまわるわけではないので、最初は戸惑うかもしれませんが、慣れてくれば、図がなくても循環法則がわかるようになります。そして、この循環法則がわかれば、来年（来月）やその先の運勢はこうだな、と知ることもできます。暦にある運勢の解説も、「この方位（宮）に廻座しているから、このような解説になっているのだ」と理解も深まるでしょう。九星盤は八方位の形状ですが、９つのマスを書き、そこに移動線を引いて覚えていくと、早く覚えられるでしょう。

☾ 九星の循環法則（遁甲）

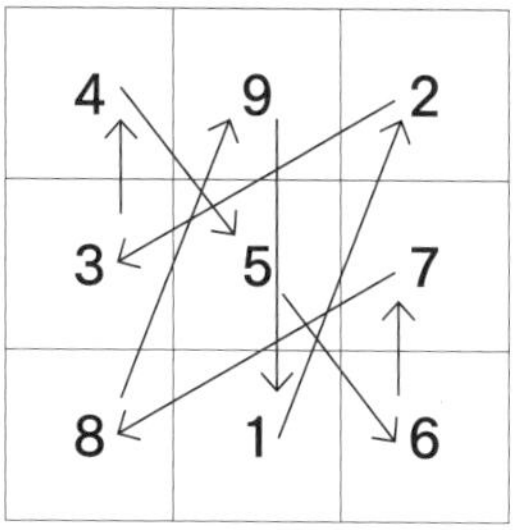

☾ 五黄土星の循環のしかた

参考：一白の場合は、坎・坤・震・巽・中・乾・兌・艮・離と移動する。

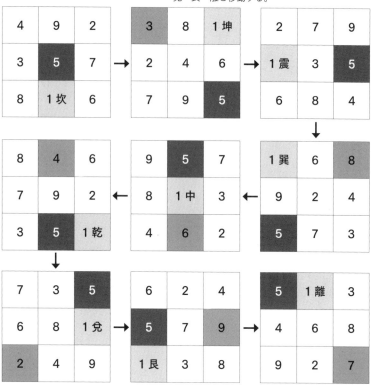

4	9	2
3	5	7
8	1坎	6

→

3	8	1坤
2	4	6
7	9	5

→

2	7	9
1震	3	5
6	8	4

↓

1巽	6	8
9	2	4
5	7	3

←

9	5	7
8	1中	3
4	6	2

←

8	4	6
7	9	2
3	5	1乾

↓

7	3	5
6	8	1兌
2	4	9

→

6	2	4
5	7	9
1艮	3	8

→

5	1離	3
4	6	8
9	2	7

十二支でみる自分の運

暦の日付の下にある干支の意味

暦のカレンダーページには、日付と曜日の下に「干支」が書かれています。この干支は何を意味しているのでしょうか。

干支が中国から伝来したのは飛鳥時代といわれ、６０４（推古12）年に干支による暦（干支暦）が使われて以来、現在まで干支は途切れることなく続いています。

干支が60種類あることは前述しましたが、甲子からはじまり、乙丑、丙寅……と60日でひとまわりし、また新たに循環します。月にも干支がありますから60か月でひとまわり、年でもやはり60年でひとまわりすることになります。長寿の祝いである「還暦」が満60歳というのも、その人が生まれた年の干支がひとまわりして、もとに戻るのに60年かかることからきています。

ではこの干支をどのように活用すればよいのでしょう。

暦に掲載されているその日の干支

〈睦月(むつき)〉 一月(大)

新暦	曜	干支	九星	暦の行事・祭
一日	㊊	癸(みずのと)巳	三碧	[●]元日 初詣 年賀 十方
二日	火	甲(きのえ)午	四緑	○望11時24分 書初め
三日	水	乙(きのと)未	五黄	福岡筥崎玉せせり
四日	木	丙(ひのえ)申	六白	官庁御用始め 取引所
小寒(旧十二月節)一月五日				
五日	金	丁(ひのと)酉	七赤	**小寒** 初水天宮
六日	土	戊(つちのえ)戌	八白	出初式
七日	日	己(つちのと)亥	九紫	七草 うそ替え
八日	㊊	庚(かのえ)子	一白	[●]成人の日 初薬師
九日	火	辛(かのと)丑	二黒	◑**下弦7時25分** 宵
十日	水	壬(みずのえ)寅	三碧	十日えびす 初金比羅
十一日	木	癸(みずのと)卯	四緑	鏡開き 蔵開き
十二日	金	甲(きのえ)辰	五黄	
十三日	土	乙(きのと)巳	六白	
十四日	日	丙(ひのえ)午	七赤	大阪四天王寺どやどや

『九星幸運暦 2018 戊戌　九紫火星』(徳間書店)より

たとえば、あなたの生まれ年の十二支が「亥」で、ある日の干支が「未」だとしましょう。すると、亥と未は「半合」の組み合わせ(亥と卯と未は、十二支の法則で発展をあらわす「三合」の組み合わせ。この場合は、揃うのがふたつなので「半合」といいます)。つまり、この日は「大きな発展が期待できる日」と読むことができるのです。

自分の、あるいは相手の生まれ年の十二支さえ知っていれば、その年・月・日の十二支をチェックすることで、自分の運勢や人との相性判断にも使えます。

くわしくは次のページで解説しますので、ぜひ、覚えて活用してみましょう。

運勢を導く、十二支の法則

左の図をご覧ください。十二支の法則は複数あります。

まずは相性のとてもいい「三合（さんごう）」の組み合わせは、「子と辰と甲」「丑と巳と酉」「寅と午と戌」「卯と未と亥」の計4つです。それぞれ3つの十二支による組み合わせですが、この中の2つがそろう場合は「半合」といいます。三合または半合は、物事が大きく発展する、という意味があります。

そのほか、強い結びつきを示す「支合」、対立をあらわす「冲（ちゅう）」、物事がまとまりにくい「破」、憂鬱な雰囲気になる「害」、そりが合わない「刑」の関係があります。

さらに、九星と組み合わせて占うこともできます。あなたの本命星が「一白水星」で、「巽宮（そんきゅう）（東南）」に入ったとします。暗剣殺や歳破などがつかなければ、基本的に巽宮は「発展運」を意味する場所ですから、とても運気のいい年になります。そして、あなたの生まれ年が「午年」で、その年が「寅年」なら……。巽宮の上昇運に「半合」のラッキーが重なり、幸運度はさらに高まって、なんと36年に一度の大チャンス年となるのです！

年・月・日の十二支に注目して、自分だけの運勢を導いてみましょう。

☾ 十二支同志の法則

【三合の関係】

発展を意味します。

子－辰－申
丑—巳—酉
寅—午—戌
卯—未—亥

【支合の関係】

強い結びつきを意味します。

子－丑　辰－酉
寅—亥　申—巳
戌—卯　午—未

【冲の関係】

対立を意味します。

子—午　卯—酉
丑—未　辰—戌
寅—申　巳—亥

【破の関係】

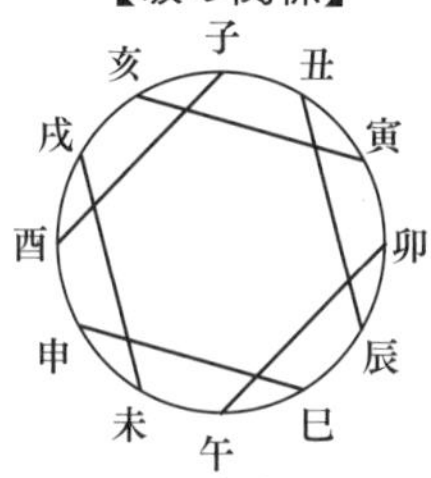

物事がまとまりにくいことを意味します。

子—酉　寅—亥
卯—午　申—巳
丑—辰　未—戌

【害の関係】

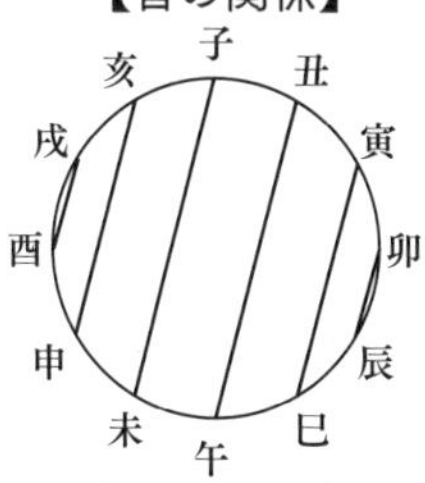

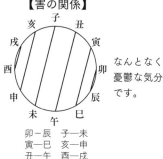

なんとなく憂鬱な気分です。

卯－辰　子—未
寅—巳　亥—申
丑—午　酉—戌

【刑の関係】

イライラ気分を意味します。

寅—巳—申　辰—辰
丑—未—戌　午—午
子—卯　酉－酉
亥—亥

十二支と暦の関係

十二支は、方位だけでなく月もあらわします。そこで、自分の生まれ月の十二支と、現在の月の十二支とを、前ページの法則を使い、ラッキーな月を導いてみましょう。

〔自分の生まれ月〕　〔ラッキーな月〕

寅月生まれ（2月4日頃～3月5日頃）／午月（6月）、戌月（10月）
卯月生まれ（3月6日頃～4月4日頃）／未月（7月）、亥月（11月）
辰月生まれ（4月5日頃～5月6日頃）／申月（8月）、子月（12月）
巳月生まれ（5月7日頃～6月7日頃）／酉月（9月）、丑月（1月）
午月生まれ（6月8日頃～7月7日頃）／戌月（10月）、寅月（2月）
未月生まれ（7月8日頃～8月8日頃）／亥月（11月）、卯月（3月）
申月生まれ（8月9日頃～9月9日頃）／子月（12月）、辰月（4月）
酉月生まれ（9月9日頃～10月8日頃）／丑月（1月）、巳月（5月）
戌月生まれ（10月9日頃～11月7日頃）／寅月（2月）、午月（6月）
亥月生まれ（11月8日頃～12月7日頃）／卯月（3月）、未月（7月）
子月生まれ（12月8日頃～1月6日頃）／辰月（4月）、申月（8月）

丑月生まれ（1月7日頃〜2月3日頃）／巳月（5月）、酉月（9月）

「ラッキーな月」は、三合の法則から導いたものです。それと同じようにして、支合の法則からも、生まれ月からラッキーな月を導くことができます。

そして、何か新しいことをはじめたいときには三合を、恋愛や結婚など、人との結びつきを求めたいときは、支合の法則を使うのです。

このように、生まれ月とその月の十二支を組み合わせることで、発展（三合）や強い絆（支合）の「運気」がついて、物事が思うように動きはじめます。

月の十二支は、暦のカレンダーの右端に書かれています。暦につまったさまざまな情報をフルに活用し、幸運とともに歩んでいきましょう。

あとがき

本書は、以前わたしが書いた二冊の本『会社はなぜ潰れるのか　運を味方にできる企業だけが生き残る』（源　真里：著／徳間書店）と故・岡田芳朗先生（暦の会会長）にご監修頂いた『季節と寄り添い、幸運を導く　暦のおしえ』（三須啓仙：著　暦監修：岡田芳朗／徳間書店）の内容を一冊にまとめ、再編集したものです。

本書は、いわゆるサラリーマンはもとより、経営者・起業家（起業・独立を志す方）など、日々厳しい現実と向き合い、懸命に現代社会に生きるすべての男性・女性を対象として、より良く、より賢明に生きるために、ぜひ「運勢学」の智慧を活用して頂きたいと願って、運気や運勢の何たるかを知ることで、迷ったときに決断の手伝いをしてくれる内容になるよう心がけました。

「人事を尽くして天命を待つ」前に、もうちょっとだけ出来ることが「運を活用すること」だということを知って欲しいのです。そのために、運というものについての考え方やその活用法をわたしなりに出来るだけ分かり易く解説したつもりです。

運は『誰が（主体）』『何時』『何処で』『誰と（相手）』の全ての要素に作用するものです。運勢学は「誰が」……生きる主体である自分自身を知るためのツールとしても大変有益ですし、「何時」……『時』の流れと連動した運の動きを知ることも出来ます。また「どこで」……方位や家相など空間に関わる運を知ることも大切ですし、「誰と」……人間関係に関わる人と人との間に作用する相性に関しても多くの情報を与えてくれます。

今回、本書ではその中でも特に『時』の流れと連動した運の動きとしての『時の運＝運勢』にスポットを当てて解説することにしました。

過去から現在を経て未来へと一直線に進む、目に見えず触ることも出来ない『時』の動きを「見える化」するために時計があり暦があります。

「暦」は、単に日や時間の推移を追う道具であるカレンダーとは異なる存在です。

そこには無窮の営みである太陽と月の運行法則に支配された季節の移り変わりが投影され、それに伴う節供や行事にはわたしたち日本人が大切にしてきた歴史・生活様式や思想・文化が織り込まれています。

それだけでなく暦にはそれぞれに一定のリズムを刻む天の気「十干」、地の気「十二支」、人の気「九星」が配当され、そこに組み込まれた「陰陽」と「五行」の循環や相生相克というルールから生じる吉凶の作用や、九星の遁甲から生まれる運勢のリズムなどもしっかりと記されているのです。

『時』の流れと連動する「運」の動きを捉えるために大切な役割を果たす、かけがえのない生活のパートナーが『暦』です。読者の皆さんには、この機会にその大切な暦について知っていただき、暦をしっかり活用することこそが運と上手に付き合うための重要な役割を果たす、ということを知っていただきたいのです。

わたしは『運勢学』という観点から暦に接してきました。運勢学にたずさわる者にとって、暦はなくてはならない存在なのです。

良い運や悪い運が廻る時期や方位を知るために、暦は不可欠の存在です。

太古の時代から今に至るまで、どの社会にも必ず「運勢学（占い）」は存在し、人々の生活に少なからず影響を与えてきました。恐れや不安と隣り合わせで生きる人々の心には、いつも「希望」や「願い」「夢」があり、常に「幸福な明日」を求め、意識してきたのだと思います。そして、よりよい結果を思い描くことができる確信や希望、あるいは逆に諦めたり、退いたりする決断をするための、なんらかの「決め手」が必要だったのです。それが占いであり、吉や凶といった占いの結果は、ときに人々が決断するためのアクセルとなったり、ブレーキとなったりしていたのです。このように「少しでもいい結果、いい未来を得たい」という人間の願望がなくならない限り、占いがなくなることはないのでしょう。そして占いがある限り、それは「暦」という存在に寄りかかっていくのだと思います。

ちなみに、わたしが「運勢学」というときの「学」は、誰にでも学習が可能で、第三者に説明することが可能なロジックを有することを指します。占いで用いられる学説・法則の多くは、過去の経験の積み重ねが結果的に整理・分類されて伝わってきたもので、いわば経験則の集積・集合の体系ともいえます。これを「統計」と勘違いする人も多く、「占いは科学である」と主張する人もいますが、それは不適切な表現だとわたしは思います。なぜなら科学は未来不可知の原則によって、1秒たりとも未来に踏み込むことは許されないからです。知ろうとして知りえない「未来」にアプローチするための手法こそが、運勢学なのです。

マスコミなどでは、予測・分析といった意味に「占う」という言葉を用いますが、わたしも「占う」とは分析し、予測する行為ととらえていて、その結果は「情報」として求占(きゅうせん)者に伝えられるものだと思っています。ちょうど天気予報や経済予測と同じように、その道の専門家が力を尽くして分析・予測したものですが、そこから与えられた情報を活かすも活かさぬも、情報を受け取った人次第であることに変わりはありません。

また、わたしは運勢学にたずさわる者の姿勢として「情報提供者として誠実であること」こそ大切で、軽々と他人の人生に対して「〇〇をしなさい」と断じるべきではないと思っています。そして多くの占いに必要な知識や活用法、また占者のあるべき姿や、求占者のあり方までをも含めた情報が蓄積されたもの――それが「運勢学」だと定義しています。

本書の後半は、主として東洋運勢学会が編集している『九星幸運暦』(徳間書店)を作成するために用いられるロジックを説明しています。気学に興味がある方なら、「気学の超入門書」として使っていただけるでしょう。また、『九星幸運暦』を片手に本書を読めば、「今年の私の運勢が◎なのは、自分の本命星が巽宮に廻座したからで、ここは順調にフライトできる位置だから諸事が進展し、良縁に恵まれて……」と、その意味をより理解・納得することができるようになるでしょう。

ただし、本書に書かれている内容は、あくまでも初歩的な知識であることをお忘れなく。当然ながら、気学ひとつをとっても学説は奥深く、その守備範囲や内容も多岐にわたっています。人生のさまざまなケースにおいて学説を正しく適用し、応用するためには、多くの経験や知識が必要なのです。ですから人生の大切な局面で決断を迫られたとき、また予測を立てることが必要なときには、やはり専門家の助言を受けることをおすすめします。

本書によって「暦」に書かれた情報を今よりももっと深く理解し、みなさんの日々の生活に役立てていただければ幸いです。

三須啓仙

平成30年2月吉日

ライフアナリスト®
三須啓仙（みす・けいせん）
一般財団法人　東洋運勢学会会長。聖徳会主宰。東洋運勢学の権威であった父、故・三須啓仙より正統運勢学を学び、とくに数令姓名学、印章相学においては、聖徳会の後継として一子相伝の奥義を伝授される。占いを人々の幸福に役立てるため、1976年に発足した東洋運勢学会の会長を務めた父の跡を継ぎ就任し、2016年4月に一般財団法人として登記。自分自身の仕事を「ライフアナリスト®」と位置づけ、姓名学とともに気学、気学傾斜法を駆使した鑑定は顧客の厚い信頼を得て政界、実業界ほか各界に多くのファンを持つ。源真里（みなもと・まり）のペンネームでも活躍。東洋運勢学会として年度版『九星幸運暦』（徳間書店）の執筆・編集は20年以上にわたり、日々の運勢と開運の指針を読者に発信し続けている。『姓名分析―運の不思議を解き明かす』（源真里 著／説話社 刊）ほか著作多数。
東洋運勢学会オフィシャルサイト
http://www.touyou-unseigakkai.com/
聖徳會オフィシャルサイト
http://www.seitokukai.com/index.html

暦（こよみ）の力（ちから）で運（うん）を興（おこ）す　興運（こううん）のススメ

2018年2月15日　初版第1刷発行

著　者　三須啓仙
発行者　酒井文人
発行所　株式会社　説話社
〒169-8077 東京都新宿区西早稲田1-1-6
電話／03-3204-8288(販売)　03-3204-5185(編集)
振替口座／00160-8-69378
http://www.setsuwa.co.jp/（説話社）
http://setsuwasha.com/（説話社出版部）

印刷・製本　中央精版印刷株式会社
編集担当　金子さくたろう

ISBN978-4-906828-42-5 C2011

※本書は『会社はなぜ潰れるのか　運を味方にできる企業だけが生き残る』（源真里 著／徳間書店）と『季節と寄り添い、幸運を導く　暦のおしえ』（三須啓仙 著　岡田芳朗 暦監修／徳間書店）の内容を一冊にまとめ、再編集したものです。